多様な社会はなぜ難しいか

日本の「ダイバーシティ進化論」

水無田気流
Kiriu Minashita

日本経済新聞出版

はじめに　日本社会にある異物

本書は、2015年から「日本経済新聞」で連載した「女・男　ギャップを斬る」と「ダイバーシティ進化論」を所収している。くしくも7年8か月の長期にわたった安倍政権が打ち出した「女性活躍」の実態を、リアルタイムで併走し検証するかたちにもなった。当時指摘した問題は、残念ながら現在も残存しているものが多く、改めてこの国でダイバーシティが根づかない問題の宿痾《しゅくあ》を思う。

そう。日本で「ダイバーシティ」は、難しい。何が難しいといって、このカタカナ語が邦訳の「多様性」と温度差がある点が、まず難しい。

私見では、類似のカタカナ語に「コンプライアンス」や、「ワークライフバランス」などがあると思うのだが、これらに共通するのは何だろうか。「法令順守（コンプライアンス）」、「多様性（ダイバーシティ）」などと訳すと少々ゴツゴツして耳障りな点も、似ているように思うのはなぜだろうか。

実はこの問いは、本書の中軸を担う大きな問題と同根である。この問題はとてつもなくシンプル（ああ、「シンプル」は「日本語」として遜色ない）で、かつ巨大である。

なぜ日本に「ダイバーシティ」は根づきにくいのか。

私はこの問いを、たぶん手変え品変え領域変えして、20年以上は問い続けている。だが、依然問いの道は困難を極めている。

言葉というのは不思議なもので、カタカナ語であってもカタカナのまま日常性を帯び、日本語で思考する私たちに「日本語として」抵触するならば、それは日本的な文化風土に根づいたとはいえない。

私見では、同じような「お仕事語」であっても、「マネージメント」「リスク」「セクハラ」「パワハラ」等は、すでに「日本語」である。「ペイする」とか、「コスパがいい」などの外来語との混成語も「日本語」である。なぜなら、これらは日本語で思考するときに、多くの人にとって邪魔にならない（はずだ）からである。

一方、「ワークライフバランス」はかなり浸透したものの、少しだけ引っかかるように思う。以前、日本家族社会学会の全国大会に出席したとき、報告者がワークライフバランスという言葉が長すぎるせいか、「ワクバラ」と略して言っており、「なるほど、このように四音言葉の略語を使えば、『日本語』として浸透するかもしれないな……」などと感心したが、結局今のところワークライフバランスを「ワクバラ」と言う慣行は広まってはいないようである。この語の浸透を狙って、一度ラジオ番組で試しに使ってみたことがあるが、「なんだか、『脇腹』みたいですね……」と言われてしまって、使用を断念した。

それでも、まだワークライフバランスはいい。働き方改革の追い風もあり、昨今では大分響きがマイルドになったように思う。問題は、日本語化して使うとまだ少々ゴツゴツ、ガタガタした異物感を示す「コンプライアンス」と「ダイバーシティ」である。

読者諸氏に、お尋ねしたい。

この二つの言葉が使用されるのは、どんな場面だろうか。おそらく「コンプライアンス違反」のようなかたちで「旧来はそれほど問題視されて来なかったことがらが、改善の余地有りと指摘されるようになったとき」に使用される言葉というイメージではないのだろうか。

あえて言えば、これら「コンプライアンス」も「ダイバーシティ」も、まだまだ半分くらいは「黒船語」のように思える。黒船語とは、「ガイアツないしはそれに準ずるかたちで日本社会に導入され、適応が望ましいとされているものの、多くの一般庶民には日本語の身体感覚的にまだ馴染んでいない言葉」を意味する水無田の造語である。

先に結論を言っておくと、私は「ダイバーシティ」が「脱・黒船語」化するための方途を考えたいと思っている。言葉というのは、それが指し示す内実がその言葉を共有する人たちの身体感覚まで浸透し、文字通り「身につく」ところまで行かなければ、結局は一時の流行として時代を上滑りし、やがては大海の泡のように消えてしまうからだ。

「ダイバーシティ」は、今なお日本では「異文化」だ。おそらく、この国の多くの人が、「取り入れるのが望ましいけれども、日常的には馴染まない」と、思っている。

たとえば、みなさんの会社の正規雇用者の男女比はどれくらいだろうか？　管理職者に占める女性割合は？　第一言語が日本語ではない人たちは？　障害のある人たちは？　社員食堂に「ハラール」*のメニューはある？

そんなこと、考えたこともない？

おそらく、そう答える人が多数派であろうと思う。私たちは日常の風景に馴染み、そしてそれを基準に世界観を創り上げていく。それらはその場を共有する人たちの暗黙の了解になり、問われることもなくなっていく。いや、多くの人が問わない「問い」をもつことは、そのコミュニティの異物となる。この国で異物は、目に見えないが強固な同化圧力により、日々排除されていく。おそらく排除されていることすら、気づかれずに。

遠藤周作の名作『沈黙』には、日本にはキリスト教が根づかない、「沼」だと語られるくだりがある。キリスト教禁止令が発令された17世紀の日本で、かつてキリスト教徒であった国司が、布教に来日した宣教師を棄教させた際言った台詞である。外来の宗教も、思想も、結局は日本の「職場風土」には根づかず、「草木も生えない」のだろうか。

沼地のように、あらゆる「異文化」を受容するかに見えて、その実「根づかせない」不定型で底が見えない頑迷さは、この国の文化気風のあらゆる側面を支配しているように見える。

私見では、ダイバーシティとは「達成すべき目標」というよりも、「多くの人たちのより良い協業を可能とする土台」である。崇高な目標として、高みに登るべきと言うのではない。整えるべき条件であり、これまで問題化されてこなかった問題を可視化し、検証する基盤といえる。

昨今では、「強い組織づくり」のために「ダイバーシティマネジメント」が目指されているが、このような使われ方はこの語のほんの表層にすぎないと私は考える。

さて、これらの問題を検証するため、本書の第1章では改めて安倍政権の「女性活躍」の背景にある問題を書き下ろしで検証する。第2章以下では、既出の日経新聞連載コラムを振り返る。内容は、ざっと次の通り。

第2章はこの国でダイバーシティが進まない理由について、第3章では日本社会の頑迷な「かわらなさ」について、第4章では日本の女性、とりわけ重い「母親役割」規範について、第5章では日本の結婚観の内包する問題について、第6章では拙書『「居場所」のない男、「時間」がない女』で指摘した「男性問題」をそれぞれ検証する。

新聞コラム原稿については、それらが書かれたときの空気感ごと所収することを目指し、基本的にそのまま収録し末尾に新聞掲載年月日を付記した。読者のみなさまには、「ああ、あんなことあったっけ！　今はずいぶん改善されたな」と思うか「ああ、何年も経つのに何も変わっていないな」と思うか。これらを通じて、日本社会が多様な背景をもつ人々との協業可能性を広げる方途について検証できたら幸いである。

＊ハラール：イスラム法で許容された項目のこと。端的には、イスラム教徒が食べていい食材や料理のこと。

contens

第2章　なぜ日本のダイバーシティは進まないのか　65

装丁　アルビレオ
装画　ミヤタタカシ

第1章　「女性活躍」と「ダイバーシティ」の齟齬

安倍政権の「女性活躍」とは何だったのか

２０１２年を、覚えているだろうか。

前年の東日本大震災にうちひしがれていた日本では、震災対応への不満も高まり当時の民主党政権は12月の衆院選で大敗。第２次安倍政権が発足した。

この安倍政権初期の最重要項目に掲げられたのが、「女性活躍」であった。経済再生を目指す「アベノミクス」は、強い経済の必要条件として、潜在的労働力である女性を雇用市場に引き出すことを大いに推奨した。

たとえば、２０１４年7月に発表された「成長戦略としての女性の活躍推進」（内閣府男女共同参画局）では、この目標として①労働力人口の増加、②優秀な人材の確保、③新たな財・サービスの創造を掲げた。

日本では出産育児などを機に離職する女性は依然多いが、そのような中でも就業希望者は３１５万人と試算され、「我が国最大の潜在力」と目されていた。同時に、２０２０年までに指導的地位に占める女性の割合を30％に、25〜44歳の女性就業率を73％に（２０１３年当時は69・５％）、との数値目標が具体的に発表された。

とりわけ、「２０２０年までに指導的地位に占める女性の割合を30％に」との目標は、

「202030（ニイマルニイマルサンマル）」と呼ばれ、注目を集めたのは記憶に新しい。同目標は、「女性活躍推進法案2014」作成時にも政策目標として大々的に喧伝《けんでん》された。

当時は討論番組等でもさかんに「女性活躍」がテーマにあがり、テレビ朝日「朝まで生テレビ」やNHK「日曜討論」などにも取り上げられ、筆者も出演を依頼され討議に参加したこともある。

ただ個人的には、このような討論番組で話題となるのは一部エリート女性の活躍ばかりだったのが、ずっと気がかりだった。

たとえば、女性被雇用者の多数派を占める非正規雇用の問題があまり問われないことや、何より女性「が」活躍するべきとの文脈ばかりで、その女性を評価する側として圧倒的に多い中高年男性の意識改革などには言及されていないのが不思議でならなかった。たとえ私がその問題に踏み込もうとしても、一緒に討議の場に呼ばれている「できる」女性たちは、目を輝かせてエリート女性の活躍可能性の話題にもっていってしまう。それから、なぜか「朝生」では、田原総一朗さんがいきなり、「女性天皇を認めるかどうか」の話題に前触れなく振ったりして少々驚いたりと、いろいろとカオスな思い出が多い……。

ともあれ、日本社会は「女性活躍」に沸いていた。私見では、「政府与党の自民党」が、「女性」を眼目に据えた政策を重点課題として取り上げた点は、本当に評価に値する。

そして、それしか本当に評価に値しないのが、残念でならない。

結果が伴わなかったのは言うまでも無いが、結局のところ自民党を中心とした政府与党は、旧態依然としたジェンダー観を刷新することは、なかったからである。

そもそも、「202030」も、厳密には安倍政権が初めて打ち出したものではない。1990年に開催された第34回国連婦人の地位委員会拡大会議で、「婦人の地位向上のためのナイロビ将来戦略に関する第1回見直しと評価に伴う勧告及び結論」(「ナイロビ将来戦略勧告」)が合意され、「指導的地位に就く女性の割合を1995年までに少なくとも30%に増やす」との目標が設定され、それを受け日本でも、2003年に小泉政権で目標にされた。この経緯を受け、「日本再興戦略」改訂(2014年版)でも、同目標が掲げられた。

さらに2021年現在に目を転じれば、先進諸国ではたとえば管理職に占める女性割合は、今や「3割4割超は当たり前」な時代である。昔の家電量販店の値引きCMのようで恐縮だが、実際に意思決定の場に女性が3割から4割はいるのが、「先進国の常識」という時代に、私たちは生きている。

女性割合3割超は「臨界点」

「指導的立場の女性30％」の数値目標は、極めて重要である。政治学では、議員に占める女性割合が30％を超えると、少数派ではあっても無視できない数値となるため、これが政治的決定の場における質的変化が起きる臨界点であるとして、「クリティカル・マス」と呼ぶ。[*1]もともとは核物理学の用語で「その質量を超えると連鎖的に核分裂反応が起きる最小の質量」を意味する言葉だが、政治においては、「その値を上回れば女性が本来の力を発揮できるようになるような、議員の女性比率を示す概念」とされる。

だが、この「２０２０３０」の目標は、安倍政権においては早々に（事実上）見捨てられたといっていい。「女性活躍推進法案２０１４」自体もその後の衆議院解散に伴い廃案となり、２０１５年８月に同法が成立したときには、この数値目標への関心は早くもトーンダウンしてしまった感が否めない。

２０１５年12月には、「第４次男女共同参画基本計画案」が閣議決定されたが、「あらゆる分野における女性の活躍」の中で、２０２０年度末までに国や自治体、民間企業などの各分野で指導的地位に占める女性の割合について数値目標を設定された。これには、「30％」の目標達成は現実的ではないとして、大幅に下方修正された「現実的」数値が掲げられている。

たとえば、国家公務員の課長級の目標数値は7％（2015年当時実数値3・5％）、市町村の本庁課長級は同20％（同14・6％）、民間企業の課長級では同15％（同9・2％）等がそれである。ちなみに、この基本計画案を策定した男女共同参画会議の議長を務めたのは、菅義偉官房長官（当時）であった。

要約すると、社会が女性活躍に向けて本格的に変化するはずの「指導的立場の女性30％達成」は、すでに国際世界では30年前に目指され、そして先進国ではほぼ達成済みであり、日本では20年近く前に掲げられたにもかかわらず、依然達成不可能とされてしまうほど非現実的な目標、ということになる。

「仕事も家事も」が「女性活躍」の実態

周知のようにアベノミクスとは、経済回復を主眼とした安倍政権の政策目標である。同政策は、「三本の矢」と呼ばれる①大胆な金融政策、②機動的な財政政策、③民間活力を喚起する成長戦略、以上を中心としていた。ポイントを要約すれば、デフレ脱却と富の増進であり、「第三の矢」の大きな役割と強調された「女性活躍」も、つまりは女性非労働力人口を労働力に転化しようとする動きが中心である。

この「労働力化」には当然ながら、女性が主として家庭内で担っている家事育児介護などの「無償労働」は含まれていない。なぜなら、アベノミクスは貨幣換算価値のあるもの以外は蚊帳の外だからである。いや、ただ蚊帳の外なだけならばいいのだが、しっかり無償労働の担い手として期待はされている。女性には家事育児介護、さらには「家庭教育」や「食育」の担い手としての無償労働は期待される一方で、外に出て有償労働に就いて「活躍する」ことが期待された。

これは、旧来の専業主婦によって担われてきたような高水準の家事育児介護などを担いながら、「超」少子高齢化が進むこの日本で有償労働にも従事してほしい……という「ご都合主義」の産物ともいえる。なぜなら、女性が外で就業するならばその分必要なはずの「男性の家事育児参加」はそれほど進まず、家事代行サービスを利用した際の税制控除もなし得ず、しかも管理職や国会議員など意思決定の場にいる女性は増えず、結局は女性の「仕事も家事も」の二重負担はひたすら重くなる……というのが、安倍政権の「女性活躍」の実態だったからだ。

現在2021年のコロナ禍まっただ中、すでに「女性活躍」はコロナ禍でご破算になったとの見方もある。これは女性に「負担」と「責任」は強いても「意思決定」の場からは実質的に締め出し続けて来たことによる。ただそれでも管理職者割合は微増し、社会の機運は女性の就業を当然視するようにはなった。

さて、その後2015年にはアベノミクスは「新三本の矢」として、①希望を生み出す強い経済、②夢をつむぐ子育て支援、③安心につながる社会保障が目指され、「GDP600兆円」と「希望出生率1・8達成」などが掲げられ、そのために「観光立国推進」や地方創生に向けた「ローカルアベノミクス」など、後半はもはや「キャラを決めかねている」感が半端なくなってきてしまった。

そう。私見では長期政権の中、アベノミクスは長期連載になりすぎてストーリーや主人公のキャラ変が激しくなった少年漫画のようになってしまった感が否めない……。ともあれ「女性活躍」は（みんな忘れているかもしれないが）そのあたりの位置づけであったことをまずは確認されたい。

そして在任期間の7年8カ月を振り返ると、株高、円安、企業収益向上等、主として「第一の矢」に属す領域では一定の成果をあげたといえる。

もちろん、景気は悪いよりは良い方がいいに決まっている。街頭インタビューで「今政治に望むこと」をたずねれば、「景気を良くしてほしい」は必ず多くの人の口をついて出てくる。裏を返せば、政治は今や、経済の調整役が最大の役割と認識され期待されている、ともいえる。

もっとも、よく指摘されるように株高やＧＤＰ上昇がそのまま家計に反映していないどころか、賃金水準は２０００年以前に留まるなど、この「景気回復」は国民の生活実感の伴わないものであった。経済は、その語源に立ち返れば、「経世済民」、つまり「世を經《お》さめ、民を濟《すく》ふ」の意にもあるように、本来庶民の生活基盤の安定を目指す学問のはずである。

しかしながら、どうもこのアベノミクスは、国民生活の豊かさよりも「強さ」を志向している「だけ」のように見えるのだ。「勝つための経済」と「幸福のための経済」の齟齬《そご》を、私はそこに見てしまう。思うに「強い」経済とは主語が国や大企業だが、「幸せ」のための経済の主語は、国民ではないのか。

街頭インタビューで「景気を良くしてください」とほろ酔い顔で語る新橋界隈のサラリーマンは、例外なく景気が良くなれば自ずと自分たちの生活も豊かになるという前提のもと語っているように見える。だが現実には、一部の株主利益率が上昇しても、多くの庶民の懐は潤っていないのである。

「女性が輝く社会」とは

安倍政権時代の選挙公約としては、とりわけ衆院選2014年版と参院選2016年版が「女性活躍」を大々的に謳っていた。

衆院選の重点政策集2014年版は、たとえばこんな公約が並ぶ。

〈すべての女性が輝く社会の実現を〉

【とにかく女性に働いてGDP上昇に貢献してほしい】

・女性が、各々の希望に応じ、家族や地域、職場においても、個性と能力を十分に発揮できる「すべての女性が輝く社会」の実現を目指します。「社会のあらゆる分野で、2020年までに指導的地位に女性が占める割合を少なくとも30%程度とする」という目標の確実な実現に全力を挙げます。
・政治の場への女性のさらなる参加を促進します。
・働く女性、働きたいとの希望を持っている女性の職業生活における活躍を促進させる「女性活躍推進法」を成立させます。

- 働き方に中立的な税制・社会保障制度等について、統合的に検討します。
- 女性が希望する就業形態を確保するための手段として、テレワークを普及促進させる取組みを加速します。
- 女性研究者・技術者が出産・子育て・介護等と仕事の両立ができるような働きやすい環境づくりを進めるとともに、研究機関等における女性研究者等の採用・登用等の活躍を促進します。
- 「女性のチャレンジ応援プラン」を策定し、家事・子育て等の経験を活かした再就職の支援等を行うとともに、「働く女性の処遇改善プラン」を策定し、非正規雇用の処遇改善や正社員化を支援します。

ざっと見ただけでも「とにかく働いてほしい」という政府与党の意図は伝わるが、現実的にはどうだろうか。

たしかに「働く女性」は増加した。第2次安倍政権発足時の2012年から2020年にかけて、約330万人の女性が新たに就業した。だがその多くは非正規雇用であったため、コロナ禍であっけなく「雇用の調整弁」として使用されてしまった。

2020年4月の緊急事態宣言下、総務省「労働力調査」では女性就業者は8年ぶりに減少となった。とりわけ非正規雇用減少分の7割は女性であり、「女性に働いてもらいたいが雇用を守る気はない」政府の姿勢が、コロナ禍という非常事態で先鋭化したとも見える。

では、「指導的な立場」の代表である管理職に占める女性割合はどうなったのか。第2次安倍政権発足時の2012年当時、管理職に占める女性割合は「民間企業の係長級」14・4％、「同課長級」7・9％、「同部長級」4・9％であった。これが、2019年現在では「民間企業の係長級」18・9％、「同課長級」11・4％、「同部長級」6・9％と、こちらは「微増」。社会の構造的変化を引き起こすほどの増加からは、ほど遠い数値となっている。

では、公約に掲げられた「政治の場」における女性参加は進んだのか。第2次安倍政権発足時の2012年時点で、国会議員に占める女性割合は衆議院7・9％、参議院18・2％。安倍総理が退陣した2020年には、衆議院9・9％、参議院22・9％と、これも「微増」である。女性閣僚に至っては、第2次安倍政権発足時は2人で概ね2〜3人で推移。最大が第2次安倍改造内閣の5人であったが、第4次安倍改造内閣の時には片山さつき地方創生相ただ1人となるなど、「女性活躍」が最も遅れているのは政治分野であることを思い知らされた。

よく指摘されるように、男女平等度を測る世界経済フォーラム（World Economic Forum）が毎年発表する「ジェンダーギャップ指数」（Gender Gap Index：GGI）でも、「政治」分野が日本の順位の最大の「押し下げ要因」なのだ。後述するが、政治的意思決定の場に女性がいないことが、この国のジェンダー不平等の大きな要因にして結果でもある。

参考までに、第2次安倍政権発足の2012年の段階で、日本のジェンダーギャップ指数は135カ国中101位であったが、2020年の日本の順位は153カ国中121位となっている。つまり日本は、ジェンダー平等について「頑張ってはいるが国際社会ではどんどん取り残されている」結果となっている。

この指標は受験生の偏差値のようなものと考えると、イメージしやすい。受験生個人は「自分なり」にがんばっても、周囲の受験生がもっとがんばっていれば自身の偏差値は下がっていく。つまり、国際社会におけるプレイヤーとしての日本は、男女平等に関して国内ではがんばっているつもりでも、周囲と比べると「落ちこぼれ」になってきていると言わざるを得ない。この問題については、後ほど詳解する。

さて、話を安倍政権時代の衆院選挙公約に戻そう。

【とにかく子どもを産んでほしい】

●「女性の健康の包括的支援に関する法律」の成立を目指します。
●地域の実情に応じた、結婚・妊娠・出産・育児の「切れ目のない支援」を推進するため、自治体による取組みを応援します。
●特定不妊治療に要する費用の助成、周産期医療の情報ネットワークの整備・充実、産科医・小児科医負担軽減策の充実等出産環境の整備を図ります。
●安心して子育てに取り組めるよう、自治体によるワンストップの子育て支援（日本版ネウボラ）の導入を支援します。
●子育て家庭、働く母親の負担軽減のため、ベビーシッター費用や家事費用の支援策の導入を図ります。
●子育て負担の軽減を図るため、財源確保とあわせて、子供3人以上の多子世帯に対する子育て負担軽減策を検討します。
●「待機児童解消加速プラン」を展開し、保育需要のピークを迎える平成29年末までに約40万人の保育の受け皿を確保し、待機児童解消を目指します。
●全ての子育て家庭を支援する「子ども・子育て支援新制度」は、必要な予算を確保した上で、来年4月から着実かつ円滑に実施します。
●1兆円程度の財源を確保し、「子ども・子育て支援新制度」に基づく子育て支援の量的拡充（待機児童解消に向けた受け皿の拡充等）及び質の改善（職員の配置や職員給与の改善）を図ります。

- 就学後の子供の預け先が見つからず、離職を余儀なくされる「小1の壁」打破のための「放課後子ども総合プラン」（平成31年度末までに約30万人分の受け皿拡大等）を着実に実施します。
- 高齢者世代が若い世代の子育て支援を行うための環境整備に向け、イクジイ・イクバア支援を行うとともに、三世代同居世帯への支援策を講じます。
- 仕事と家庭の両立支援に積極的に取り組む企業に対し、育児休業者の代替要員確保のための助成等のインセンティブを与え、企業風土の改革を目指します。

2014年に国会に提出された「女性の健康の包括的支援に関する法律案」は、年齢に応じた女性の健康を支援しようという眼目であり、理念自体は悪くないのだが、当初から女性の主体的なリプロダクティブヘルス／ライツへのまなざしが乏しいとの指摘もあり、廃案となった。うんと要約すると、さまざまな議論はあったが女性当事者目線が圧倒的に不足していた点が問題といえる。

実際、政府が考える「女性の健康」は、その根幹では出産（=人口増加）の「資源」として活用する志向性が強く、同時に旧来の家族規範に女性のライフコースを押し込めようとする傾向が散見する。

さらに、女性たち当事者と政府の考える女性支援の間の齟齬、端的に言って「それじゃない」感があらわになった安倍政権時代の事例としては、2013年に発案されたが結局廃案となった「女性手帳」配布があげられる。少子化が進むこの国で、「女性は35歳を過ぎると妊娠・出産が難しくなるので、早く子どもを産むように啓発しよう」という意図から配布が検討された同手帳だが、要約すると全国の女性から「余計なお世話」の大合唱で取りやめになった政策案である。

批判の眼目は、「政府が個人のライフコースに口を挟むべきではない」という点と、「早く産み育てる社会環境が整っていないことが問題なのに、少子化を女性の無知のせいにしている」、以上2点に収斂される。

結局安倍政権は、日本の多数派の女性の切実なニーズを汲み上げられず、少子化に歯止めはかからず、そして待機児童問題は今なお解消していない。待機児童問題については、女性就業率上昇に伴う保育ニーズの高まりに、政府の支援が追いついていない点も大いに憂慮される。

さらに、「検討した」はずの家事代行サービスやベビーシッターを利用した際の費用を税制控除対象とする案も、国会に提出されたものの結局成立しなかった。先進国ではこれらのサービス利用の税制控除はごく当たり前なのだが、日本では「贅沢品」扱いという「永田町の常識」が作用した結果といえる。

個人的にも、これには本当に泣かされた。子どもが乳幼児のころ私たち夫婦は大学の非常勤講師で、とくに私の仕事は夜間の専門学校の講義が多かった。継続して昼間7時間以上の仕事に就いていることが、在住自治体の公営保育所の入所要件として重視されるが、私たちの勤務時間は短時間で時間帯も夜間など非典型である。さらに、昼間公営保育所に入れたとしても、夜間の仕事はさらに夜間の一時保育を利用しなければ続けられない。

仕方なく、仕事の際は主に在住自治体の公営保育所の一時保育を利用し、場合によってはもう少し託児料が高い認証保育所なども併用した。月額の講義報酬の半分近くが、託児料に消えてしまうことも珍しくはなかった。それでも、子どもを預けなければ働くことができないので切実な出費であるが、確定申告の際にはいっさい「経費」としては認められない……。

一方、たとえば三世代同居のための住宅リフォームは減税対象となるといった、「旧来の大家族」を推奨するような制度はあっさり導入された。現在三世代同居世帯は減少の一途を辿り、高齢者自身も同居を希望する人は減り、さらに最も多い世帯類型は一人暮らしの「単身世帯」だというのに。

【なんでも女性にお願い】

自民党衆院選公約の「女性活躍」には、さらにこんなものが続く。

●女性アスリートを育成・支援するプロジェクトを推進します。女性アスリートの海外派遣や資格取得、妊娠・出産・育児をサポートします。

●女性の視点、生活者の視点からの防災・復興の取組みを推進します。

●国際協力に係わる企業やNGOの活動において、女性の活躍に注目し、官民連携を強化します。

●国際機関等で活躍する女性職員への支援を一層強化し、その地位向上に努め、帰国後の職場環境の整備を進めます。

さらに、2016年の参議院選選挙公約での「女性活躍」には、こんなものもあった。

●町内会やPTAなど各種組織・団体の方針決定過程への女性の参加度合いを高めま

す。女性のいない消防団の解消を目指します。

いや待て……、私は今中学1年の息子が小学生時代はPTA委員を2回やり、各種係活動などを入れると毎月のように小学校に行く用事があったが、保護者会も、PTA室も、見渡す限り女性しかいなかったぞ……。

ちなみに、「係活動」でお母さんたちが一番敬遠するものは、町内会のお祭りの手伝いであった。なぜか。手伝いをした後、打ち上げの席で町内会のボスである高齢男性たちに「最近の母親はなっとらん！」というようなお説教を聞きながら、ビールをお酌して回る役割だからだ。

- 生活者の視点で女性が持つ豊富な知恵・知識を、地域おこしに活用するとともに、産業界とのマッチングを図り、新たな財・サービスの創出につなげます。

私は地域の子育て支援NPO活動に参加しているが、つくづくその地域のソーシャルキャピタル（社会関係資本）を担っているのは、その地域の公立小中学生をもつお母さんたちだという実感がある。学区ごとに編成された地域社会をより良いものにしたいという切実なニーズとそのための活動を行い、かつ平日昼間その地域にいることが多い人たちだからだ。

だが、意思決定の場にそのような女性たちは少ない。たとえば地方分権一括法施行以降盛んに開催されるようになった条例策定のための市民フォーラムなどの場は、参加しても見渡す限り定年退職を迎えた高齢男性だらけである。フォーラムは、たいていの場合土日に開催されるが、女性たち、とりわけ乳幼児や学童期の子どもがいる女性は家族が在宅の土日に家を空けるハードルが高いからだ。せめて、子どものいる女性たちの意見も汲むため、平日昼間にも開催はできないものだろうか……。

●農林漁業や食育の担い手としての女性を重視します。

子どもが小学生の時、「食育週間」はとても大変だった。なぜなら、子どもが朝起きた時間、寝た時間、朝食を食べた時間、夕食を食べた時間、朝食・夕食のメニューを書いた報告書を小学校に提出しなければならなかったからだ。

ちなみに、私のママ友たちの間では、この「食育報告」はほぼ意味がないということで意見が一致している。なぜなら「優等生」の保護者ならそもそもそんなものを報告する必要などないし、他方「昨日は夜遅くレトルトのカレーを食べさせた」というような保護者は、それを正直に書いて学校に提出する訳がないからだ（ヘルシーで早寝早起きな内容に「盛る」に決まっている）。こんな無意味なことに税金を投入して、ただでさえ多忙な保護者や学校教員の仕事を増やすことに疑問を感じるのは、私だけだろうか。

ともあれ、自民党のこれら選挙公約を読んで、私は軽いめまいを覚えた。

思うに、安倍政権の「女性活躍」は、前提として日本の女性が「分身の術」でも使えると考えているのだろう。昼間フルタイムで働いている男性サラリーマンなら、働いて管理職をこなしながら家事育児介護を十全に行い、PTA活動をしたり地域活動を行ったりすることは難しいが、女性なら出来ると信じているかのようだからだ。

これら「女性に要求」ばかりの「女性活躍」は、硬直化し多様性を受け入れにくい日本社会のあり方を反映しているのではないか。自民党の考える女性関連政策は、結局のところ、永田町の多数派を占める「高齢男性の、高齢男性による、高齢男性のための」理想化された〝昭和的家族観〟に依拠しているように見える。

旧来の家族観やジェンダー規範に則ったまま、ひたすら問題解決のため労働力や出生数などの「不足」を女性頼みでなんとか解決してほしい、男性の働き方は変えたくない、できれば三世代同居で家族で介護もしてほしい……という意図が透けて見えるからだ。
「はじめに」で指摘した『沈黙』ワールドの「沼地」ではないが、どれほど革新的な政策を掲げても、結局ずぶずぶと泥の奥地に沈み込んでいくような、異質なものを受け入れ根づかせない日本の文化気風とは、いかなるものなのか。

「多様な人材」との協業実態

周知のように、日本で「ダイバーシティ」というと、主として「女性労働力活用」の側面から語られる場合が多い。そもそも職場などにおける多様な人びと――障害者や外国人――との協業機会が乏しいため、「最も多数派の異質な他者」は、実質的に「女性」となるからだ。

たとえば、日本では民間企業の法定雇用率（常時雇用する従業員の一定割合）は2・2％だが、厚生労働省「障害者雇用状況の集計結果」（2019年／令和元年）によれば、2019年6月現在の実雇用率は2・11％の結果となっている。法定雇用率達成企業は48％であり、1人も雇用していない企業は57・8％となるため、要約すると半数以上の企業が2・2％の法定雇用率すら達成しておらず、6割の企業では雇用されている障害者は1人もいない、という状況になる。

外国人との協業はどうだろうか。厚生労働省「外国人雇用状況の現況」（２０１９年／令和元年）によれば、２０１９年10月現在の日本国内の外国人労働者数は約１６６万人であり、同年の「労働力調査」による日本の全就業者は約６７２４万人のため、全就業者に占める割合は約２・５％となる。

在留資格別に見ると、「身分に基づく在留資格」が外国人労働者数全体の32・１％を占め最も多く、次いで「技能実習」23・１％、留学を含む「資格外活動」22・５％、「専門的・技術的分野の在留資格」19・８％となる。

つまり、永住者や定住者や婚姻関係などで日本にいる人たちを除けば、「技能実習」と留学生などのアルバイトを意味する「資格外活動」が多く、この二者だけで全体の５割近くを占めることとなる。言い換えれば、長期継続雇用にメンバーシップを与える日本の職場で、外国人労働者は人手不足の領域で「周辺労働」として使われているという実態が浮き彫りになった。

かねてより、少子高齢化に伴い15～64歳の「現役世代」である生産年齢人口の減少が指摘される日本では、２０１９年４月１日施行の改正出入国管理法により新在留資格「特定技能」が創設された。

このうち、特定産業分野における一定の知識や技能を有することを条件とした「特定技能1号」は通算5年まで、同熟練の知識・技能を有することを条件とした「特定技能2号」は更新を繰り返せば事実上期限無しで在留できることとなった。2019年10月現在、「特定技能」資格での労働者数は520人と報告されている。

参考までに、政府はこの新在留資格創設当初は、5年間で35万人の同資格外国人労働者受け入れを目指し、2019年度の「特定技能」での受け入れ目標人数は4万7750人であった。だが、2020年4月末までの受け入れ人数は4496人。目標の1割にも満たない結果となった。

背景には、他のOECD（経済開発協力機構）諸国に比べ低い賃金水準や、日本語という「ガラパゴス」な言語の壁、さらには日本人の保証人がいないと住居を借りるのも困難といった居住慣行の壁などの問題が指摘される。

つまり「労働力」は欲しいが、それに伴う「異なる文化的背景をもつ生活者としての隣人」を、日本社会は依然本格的に受け入れる覚悟はないと言わざるを得ない。

日本のジェンダーの壁

それでは、改めて女性はどうだろうか。日本の職場は今なおジェンダーセグリゲーション（性別分離）が極めて高い点がたびたび指摘され、ジェンダーギャップ（性差による格差）も大きい。

たとえば、国税庁「民間給与実態統計調査」（2018年）によれば、年間を通じて給与所得がある人の平均年収は男性545万円、女性293万円となり、女性は平均的に男性の約半分の給与水準となっている。一方、総務省「労働力調査」（2018年）から算出した管理職に占める女性割合は14・9％と極めて低い。政治的意思決定の場における女性の割合も低く、先にも触れたが国会議員（下院、日本は衆議院）に占める女性割合は2020年現在世界平均は25・5％だが、日本は9・9％となっている。

国際的に見ても、日本はジェンダーギャップの大きい国である。先述したジェンダーギャップ指数を、ここでより詳細に見てみよう。

同指数は、①経済活動の参加と機会（給与、雇用数、管理職や専門職での雇用における男女格差）、②政治への関与（議会や閣僚など意思決定機関への参画、過去50年間の国家元首の在任年数における男女差）、③教育（初等教育や高等・専門教育への就学における男女格差）、④健康と寿命（出生時の性別比、平均寿命の男女差）から算出したものである。

同指数は国際的な順位ばかりが注目されがちだが、スコアも併せて見ていきたい。完全平等が1、完全不平等が0で示されるのだが、第2次安倍政権発足時の2012年、日本のジェンダーギャップ指数は135か国中121位で、スコアは0・653だった。これが、安倍総理が退陣した2020年は153か国中121位で、スコアは0・652となった。「女性活躍」を謳った安倍政権だが、スコアだけ見るとむしろ少々下がってしまっている。

同指数2020年の内訳は、①経済0・598（115位）、②政治0・049（144位）、③教育0・983（91位）、④健康0・979（41位）と経済と政治の低さが際立つが、教育スコアもそれほど高くはない。

2021年3月発表の同指数は、日本は156か国中120位と、歴代ワースト2位、相変わらずG7最低の水準であった。総合スコアは0・656と微増したが、①経済0・604（117位）、②政治0・061（147位）、③教育0・983（92位）、④健康0・973（65位）と、政治経済の不平等が押し下げ要因である構図は変わらない。

女性の政治経済への参加はもとより、女性の高等教育も大学学部専攻志向は人文・家政・芸術関連が多く、相対的に高い社会的地位や所得に結びつきにくい点が押し下げ要因として指摘されている。

この問題について、ジェンダー経済学を専門とする川口章氏は、女性が男性より相対的に離職率が高いという統計的根拠に基づき、企業が「合理的に」女性よりも男性を採用・昇進・昇給において有利に取り扱う結果、実際に職場の賃金や勤続年数などのジェンダー格差が生じる構造を、「統計的差別」の観点から論証している。*2

統計的差別とは、労働経済学や労働社会学の用語で、過去の統計に基づいた「合理的判断」から結果的に差別的な対応に結びついてしまう状況を意味する。たとえば企業は、個々の労働者の能力について過去の属性に基づくデータから判断し、採用や昇任昇給の際の参考とする。過去の統計に基づいて判断する場合、男性より女性の方が勤続年数が短く離職率が高いなどの特性が見られることから、企業は「合理的」に女性より男性を重用する傾向があるなどは、この典型例といえる。

さて川口氏は「男女均等処遇は、企業業績を向上させる」との仮説を検証し、「男女均等処遇は、経営利益に関係する業績指標を改善するが、売上高に関連する経営指標を悪化させる傾向がある」と指摘した。さらに、均等処遇は女性就業継続指数に有意に正の効果を、男性には有意に負の効果をもっていることも明らかとなった。

以上から、「離職確率のジェンダー格差が小さい企業ほど、女性を積極的に活用・登用し、男女にかかわりなく人材を育成し、女性にも創造性の高い仕事をさせている」が、言い換えれば「離職確率のジェンダー格差の大きい企業では、女性の活躍・登用に消極的で、男性優先の人材育成を行なっており、女性には創造性の高い仕事をさせていない」ため、統計的差別の存在が明らかになると論じた。

「男性中心の職場編成」が持続する理由

労働社会学を専門とする山口一男氏は、「現状での制度があまりにも高度な安定性をもってしまい、部分的な改訂が困難なため、時代の変化など外的な条件への適応能力を失ってしまう状況」を「制度的惰性」と呼ぶ。日本の組織における硬直化したジェンダー規範とそれに基づく評価体系は、この制度的惰性が今なお根強いことの証左とされる。[*3]

もっとも、「日本的経営」の観点に立てば、日本の組織の「強み」は均質性の高さによるものである。それは新規一括採用・年功序列賃金体系・内部昇進制を核とした人材管理制度は、自ずとダイバーシティとは相容れず、ジェンダー格差をはじめとする「主流労働者」とその他「周辺労働者」との格差を前提に構築されてきた。

異文化経営論を専門とする馬越恵美子氏によれば、「伝統的には、経済学は企業の組織の構成要素である人的資源を扱う場合、個人の個性はもともとホモジニアス（同質）ではなく、ヘテロジニアス（異質）であると捉え、このヘテロの持つ弊害をいかに除去するかに腐心してきた」という。[*4] すなわち、「均質化（homogenization）を図り、組織の活動の中で一定のルールや基準を設け、ヘテロ的要素を排除することによって、効率を達成しようとしてきた」というのである。

なぜなら、「企業がヘテロであれば、多大なコストがかかる。そこで情報交換等のコストを組織的にミニマムにするために、ルールを決めてそれに従わせる、組織のルーティンワークにおける効率化が図られてきた」。つまり、一定の条件がある程度不変であれば、均質性の高い組織ほど効率性が高いというのが、これまでの組織経営の経済的合理性についての基本的な見方であったといえる。

ただしこれは、既存の条件が変化しないことを前提に作られた「静的モデル」である点を注視せねばならない。なぜなら、「組織は静的なものではなく、世代を経て存続するダイナミックなもの」だからだ。「ホモジニアスな職場は一定の条件下では効率がいいが、条件が外部的要因等の変化で変わった時には、ヘテロジニアスな組織の方が適応力がある」。つまり、多様な成員を内包するヘテロジニアスな組織は「組織内にすでに異質なものとの調整プロセスが組み込まれている」がゆえに、「外部との調整も、より創造的に行うことができる」。つまり、「内部の異質性を活性化して外部の変化に対応することが可能となり、長期的な変化にも適合できる」というのである。

なるほど、「合理性」とはある一時代的な条件のもとでの最適解であるため、条件が変化すれば自ずと「時代遅れ」になり、たちどころに非合理的・非効率的になってしまう。日本の場合、戦後昭和の高度成長期に、あまりにも「成功」しすぎたともいえる。この成功体験が、社会の制度疲労と硬直化の要因であるともいえる。

さて、以上で述べてきたように、職場の多様性に関する議論は、その効率性や経済合理性を「短期的スパンで評価するか、長期的なスパンで評価するか」、さらに組織改善の「変革コストを相対的に高く見るか、低く見積もるか」で評価が分かれる。

さらに、今日のように個々の企業だけでは対処できないほど外的要因の変化が大きい社会では、変革コストは相対的に必要性が高まるため、ダイバーシティへの要請もまた高まるといえる。

それゆえ、「ダイバーシティ」とは、「職場」に限り「部分的に」取り入れ可能なマネジメントの方法論に留まらず、人々の就業・家庭生活・余暇のあり方まで、多岐にわたる分野に波及する概念でもある。それゆえ、ダイバーシティは「マネジメントの観点からは称揚されながら、なぜ文化・社会的には普及が困難なのか」の観点も含めた多角的な検証が、改めて必要といえる。
私見では、今後の課題としては、次の3点が重要である。
①旧来の二項対立的な「男性／女性」のジェンダー格差の実相をとらえなおす。
②「働き方改革」に伴うワークライフバランス推奨の観点から、いわゆる男性中心主義的な職場環境がもたらす弊害が指摘されるが、ダイバーシティ推進がこれらを解消し得るのかどうかについて検証する。
③ダイバーシティ推進を意図した取り組みや言説が、逆機能を起こしている事例について検証し、問題解決のための方途を探る。
以下、「ダイバーシティ」概念を改めてその歴史的変遷に遡り、検証したい。

そもそも、ダイバーシティとは何か

「ダイバーシティ（多様性）」とは、社会的公正の見地から、多様な文化・社会的背景をもつ人々が、互いに尊重されることを目指す理念といえる。そのためには、差異が偏見や差別の要因となる事態を可能な限り廃し、教育や就業の機会均等が確保される必要がある。

現在「ダイバーシティ」の語は多様な領域で使用され、達成すべき価値観とみなされているが、今日では「ダイバーシティ・マネジメント（経営）」の意味で使用されるケースが目立ち、主として社会的公正の側面よりも人材活用の観点から論じられることが多い。

この意味での「ダイバーシティ」の源流は、アメリカの公民権法成立過程に見ることができる。同法は公民権運動の成果であり、その眼目は、人種、肌の色、宗教、出身地、そしてジェンダー等に基づく労働市場での差別的待遇の撤廃にあった。

公民権運動の歴史的背景を遡ると、アメリカにおける多文化教育の理念にその基盤をもつといえる。周知のように、多様な文化的背景をもつ人々が流入し創建した「移民国家アメリカ」は、成立時より多文化共生の方法論が探求されてきた。その過程で、「多文化主義」や「文化的多元主義」の観点から、「多文化教育」「異文化間教育」などと呼ばれる「多文化共生のための教育法」確立の必要性に迫られてきた。それらは「ダイバーシティ」概念形成に大きく寄与している。

異文化間教育とダイバーシティ

教育は、当該社会の国家や政治体制の要請からシステムが構築されるが、他方で人間が社会環境の変化に直面したとき、適応のための切実な要請から国家や政治体制を超え自律的な運動を見せる。

多文化教育や異文化間教育の要請は、その典型である。日本の場合、異文化間教育が養成されるようになったのは１９８０年代以降だが、当初その研究は経済協力開発機構が主導していた。この点が象徴するように、異文化間教育は国境を超えた経済活動の進展と不可分の関係にある。

一般にグローバリゼーションとは「国境間を超えたヒト・モノ・カネの移動」を意味するが、その中軸を担うのは「経済」と「テクノロジー」といえる。とりわけ今日は経済の脱国境化の意味合いが強く、それらに付随して相対的に国民国家が人々の日常にもたらす意味や価値が相対的に低減したことが、教育をはじめさまざまな分野に多大な影響をもたらしたといえる。

国境や社会集団を超えて移動する人々は、一般に彼らを受容する国や地域で主流文化に属す人たちとのさまざまな文化的軋轢《あつれき》をもたらし、ときに深刻な偏見や差別や「ヘイトクライム（憎悪犯罪）」の被害に遭うこともある。

そこで、これらの軋轢を緩和し相互理解を深める必要性から異文化間教育の必要性が要請されてきた。その主な対象者は、①移民、在留民、難民など、②多民族国家の少数民族、③一般の子どもたち、の３つのカテゴリーに分類される。これら対象者のカテゴリーはいずれも、当該社会の主流文化とは異質な背景をもつ「マイノリティ（少数者）」であり、「差別」「偏見」「自民族中心主義（ethnocentrism）」など、彼らの被りがちな不利益の是正が多文化教育の眼目といえる。それゆえ、この多文化教育要請により形成されてきたダイバーシティ領域を、私は「教育学的ダイバーシティ」と呼ぶ。これは、後述する人材活用など経営学的な観点からのダイバーシティと分けて考えるためである。

さて、マイノリティは、通常多くの人から当該国や地域の主流文化を脅かす「他者」として認識されるため、ステレオタイプ化された偏見や排外主義にさらされやすい。このあり方は、総じて社会統合に対しても逆機能として作用する傾向が指摘できる。それゆえ、彼らと相互理解を深め、かつ当該主流文化における差別的処遇を可能な限り解消し、教育や就業の機会均等を保証し社会的包摂を可能にするため、教育学的ダイバーシティの方法論が模索されてきたといえる。

アメリカの多文化教育とダイバーシティ

上述したように、世界に先駆けて異文化間・多文化教育の方法論が探求されたのは、何と言っても移民大国アメリカである。

アメリカにおける多文化共生の理念は、アフリカ系アメリカ人をはじめとするエスニックマイノリティの差別解消運動の拡大とともに浸透してきたが、その軌跡は独自の複雑な過程を経ている。アメリカの国民統合に関する倫理的指針は、『独立宣言』に掲げられた「万民平等」理念を基盤とする「アメリカの信条（American Creed）」に基づく。だが、その現実的な達成は、イデオロギーや人種構成の変化などにより、紆余曲折を余儀なくされてきた。

周知のように、17世紀に北米に入植したイギリス系移民たちにより成された「アメリカ建国」は、アメリカ先住民族の征服と、後にアフリカから連れてきた黒人奴隷の労働力搾取など、人種差別と迫害という負の歴史をもつ。[*5] 最初に入植し支配的層となったのは、白人の中でもアングロ・サクソンのワスプ（WASP：White Anglo-Saxon Protestant）であり、次いで成員として認められたのは南欧・東欧系白人であった。

その一方、黒人やアジア系移民などは、上記の白人とは異質な外見から排除され、周辺的存在とされてきた。

18世紀から19世紀初頭にかけて、アメリカに来た移民は北西ヨーロッパ出身者がほとんどであったが、19世紀後半から南欧、東欧、さらに中央ヨーロッパからの移民が増加し、北西ヨーロッパ系の人々はこれに対し危機感を覚えた。彼らは新たな移民を自らの文化に同化させることを望み、アングロ・サクソン文化への同化を意味する「アングロ文化同調主義」が優勢となった。「人種の坩堝《るつぼ》（メルティング・ポット）」論はこのような背景から支持された考え方である。

「人種の坩堝」という言葉自体は、1908年にユダヤ系イギリス人イスラエル・ザングウィルが書いた戯曲「メルティング・ポット」に由来する。ザングウィルは、多様な民族が一つに溶け合い、新しい「アメリカ人」となる姿を肯定的に描いた。

この考え方は、とりわけ第一次世界大戦に「ドイツ系」「フランス系」といった「ハイフンつき」ではないアメリカ人であることが求められ、とりわけ敵国となったドイツ系への排斥が強まった。

それゆえ「坩堝」論は、内集団と外集団の線引きが強固に行われる戦争時を中心に、アングロ・サクソンを中心とした同化主義の理念を下支えする機能を担ったといえる。

非白人の教育機会均等要請からマイノリティの権利運動へ

さて20世紀初頭まで、アメリカ先住民族やアフリカ系アメリカ人をはじめとする非白人系移民の教育機会の不平等は不問に付されてきた。

だがその後1930年代から40年代にかけ、第二次世界大戦の勃発に伴い、アフリカ系アメリカ人が軍隊に入る最低限の教育すら受けていないことが問題視されるようになった。アメリカ軍はこれに対処すべく彼らを対象とした識字プログラムを実施した。また当のアフリカ系アメリカ人も長年の人種差別からの解放を求め、「アメリカ兵」として戦争に参加した。

同時期、アメリカは戦争特需に沸き、北部ならびに西部にアフリカ系、メキシコ系、さらには地方に住む白人層が移住し、雇用と住居確保の人種間の軋轢が生じた。これらはやがて人種差別に基づく暴動や事件を引き起こすに至り、1940年代にアメリカ社会は本格的に人種間の偏見や差別撤廃や相互理解のための教育を要請、これが異文化間教育推進へとつながっていった。

このような時代背景から、次第に非白人とりわけアフリカ系アメリカ人の教育の機会均等が要請され、人種間対立の緩和を眼目とする教育団体主導の異文化間教育が行われるようになった。

その後、1960年代の公民権運動と連動するように、エスニック・スタディーズが登場し、アフリカ系アメリカ人は人種統合が進まない状況に対し具体的な教育改革を求めるようになっていった。たとえば、「自分たちのコミュニティによる学校統制、アフリカ系の教師や学校管理者の採用、そしてカリキュラムへ自分たちの民族の歴史を組み込むこと」や、大学での「ブラック・スタディーズ・プログラムの導入やアフリカ系の教授あるいは大学管理者の採用」が求められた。

やがて学校や大学もそれに対応するようになり、アフリカ系アメリカ人についての内容がカリキュラムに編入され、大学ではブラック・スタディーズのコースが導入されていった。これらの運動は、他のエスニック集団にも波及し、メキシコ系、プエルトリコ系、先住民族、さらにはアジア系のアメリカ人たちも同様の教育改革を求め、エスニック・スタディーズ運動が隆盛となった。

その後ブラック・スタディーズやエスニック・スタディーズは女性解放運動とも結びつき、1970年代初頭には、大学に女性学のコースも設置されるようになっていった。これらの教育学的な潮流は文化多元主義や多文化教育の重要性を訴え、やがて教育制度に多大な影響を与えていく。90年代以降、多文化教育の対象は社会階層、女性、障害者などあらゆる「社会的弱者」を対象とするようになっていった。

以上述べてきたように、ダイバーシティ推進の前段となる文化多元主義は、多文化教育の普及とともに進展してきた。これら「教育学的ダイバーシティ」は、社会的公正や正義、格差の是正、多様な背景をもつ人々との協業や共生を眼目としているといえる。これらは、今日言われる「経営学的ダイバーシティ」にどのように収斂していったのか。

人材活用とダイバーシティ

今日の日本では、主としてダイバーシティは「ダイバーシティ・マネジメント（経営）」の意味で使用されることが多い。たとえば、経済産業省はダイバーシティ経営の定義を次のように述べている。

「多様な人材を活かし、その能力がグローバル化をはじめとする市場環境の変化が企業経営の不確実性の増加やステークホルダーの多様化をもたらしており、また少子高齢化による生産年齢人口の減少に対応するため、企業は従来型の人材確保・活用策を変革することが不可避となっている」

国際経営学を専門とする尾﨑俊哉氏によれば、ダイバーシティ・マネジメントは次の三つの分野にルーツをもつ。[*6] 第一は、組織の中での差別の解消と人種の対立、第二は、企業の国際化の中での異文化経営、第三は、競争力の再構築である。

第二、第三は本論考における「経営学的ダイバーシティ」と領域が重なるが、通常「ダイバーシティ・マネジメント」というとき、この第二と第三の点が明確に区分されずに言及されていることには注意が必要である。「異文化の価値を容認すること」がすなわち企業の競争力向上に直接結びつくとは限らず、後述するように経営学では多様な従業員の協業はむしろ効率低下と考えられてきたことも見逃せないからだ。

さて、第二の点「国際化の中での異文化経営」は、近代的国際経営の端緒を築いた1602年のオランダ東インド会社に起源を見ることができる。400年前のこれら国際企業では、国が異なれば人々の嗜好や交渉術、さらには経営判断の基盤となる価値観、仕事の仕方、組織運営方法等も異なる点が意識され、経営手法に取り入れられてきた。時代が下り、1970年代以降になると、多国籍企業の異文化経営をめぐる考察が本格化し、異なる文化的背景をもつ社員の円滑な協業のため、相互理解が要請されるようになった。

第三の点「競争力再構築のためのダイバーシティ・マネジメント」は、アメリカ企業では1980年代に入りグローバルな競争激化の最中、注目されるようになったものである。この観点によるダイバーシティ・マネジメントは、さらに3つの異なるアプローチにより展開されてきた。

①主として白人男性が担ってきた中間管理職などの仕事を、同水準の能力や意欲がある人材ならば人種・性別を問わず任せるというダイバーシティ・マネジメント

それまで白人男性を「コア人材」として優遇してきたアメリカ企業は、1990年代にリストラと同時にダイバーシティ・マネジメントを推進していった。その結果、白人男性を優先的に雇用するために支払っていた「白人男性賃金プレミアム」の解消がなされ、結果的に多様な人材の間で公平な雇用市場での競争が可能となり、男性／女性間、白人／非白人間での賃金格差が小さくなり、「同一労働・同一賃金」が推進されていった。

②多様な人材を効率的に組み上げて使うことにより、限られた人材の限られた能力が最大限に発揮され、価値を提供するダイバーシティ・マネジメント

リストラにより人材の層が薄くなれば、人材一人ひとりの付加価値生産性の上昇が目指され、社内公募なども行われ、それまで機会を与えられていなかった人たちにも挑戦の機会が与えられることとなる。人材の効率運用の観点からは社内人材の能力のデータベース化も進み、近年はこれがグローバルな水準でも行われるようになり、結果的に適正人材の効率的な活用が可能となっていった。

③多様な人材の協業に伴うイノベーションの可能性上昇と、それに伴う企業の潜在的な競争力向上

この場合のイノベーションとは、単に技術革新に留まらず、経営手法やビジネスモデルの刷新など、幅広い分野を包摂する「経営革新」の可能性の高まりを意味する。

以上述べてきた点は、とりわけ日本で「ダイバーシティ・マネジメント」について言及されるとき、第二と第三の視点が素朴に結びつけて考えられている傾向があることに留意する必要がある。これらは相互に密接に関連し合うが、企業利益上昇という経済的価値に直接結びつくものではなく、多面的なアプローチと理解が必要といえるからだ。

さらに、経営学的ダイバーシティの次元も多様な観点が内包されているとする指摘もある。経営学者の谷口真美氏は、「性別、年齢、人種・民族の違いだけを指すもの」とするダイバーシティ概念の理解を、誤りと指摘する。[*7]「ダイバシティとは、個人の持つあらゆる属性の次元」であり、「居住地、家族構成、習慣、所属組織、社会階級、教育、コミュニケーションスタイル、マネジメントスタイル、人種・民族、性的指向、職歴、年齢、未既婚、趣味、パーソナリティ、宗教、学習方式、外見、収入、国籍、出身地、役職、体格、性別、勤続年数、勤務形態（正社員・契約社員・短時間勤務）、社会経済的地位、身体的能力等、人が有するほとんどの属性がダイバシティの次元でとらえられ得るべきである」と述べている。[*8]

このようにダイバーシティは、より多様な広く再帰的なとらえられ方をすべき概念であり、それは社会変革の方向性も視界に入れなければならない。だが日本では、「強い組織づくりのため」などと、ごく一面的なとらえられ方をしている感が否めず、しかもその直接的利益が見えにくいため浸透も困難となっている。

アメリカ社会は「変革コスト」が相対的に低い

さて、アメリカにおける人材活用としてのダイバーシティは、1964年に制定された公民権法第7編が設置した雇用機会均等委員会に端を発する。65年には、人種、肌の色、宗教、出身地による差別を撤廃すべくアファーマティブ・アクション（肯定的措置、積極的是正措置）が導入され、67年にはその対象に性別が加えられた。これらにより、相対的に不利益を被ってきた人々を採用・教育・昇進させる措置をとることが、連邦政府と一定額の契約関係を結ぶ事業主に求められることとなった。

もっとも、1960年代に成立した法律は強制力が弱く定義もあいまいであり、70年代初めまでは、ほとんどの雇用者がそれほどは雇用慣行を変革しなかった。だがその後72年の改正（雇用機会均等法）では、それまで公民権法から除外されていた州・その他地方政府の公務員も適用対象に含まれることとなった。さらに、同法は訴訟を起こすことも可能とし、78年には、日本でいわゆる「マタハラ」として知られる「妊娠による雇用差別の禁止」も明記され、91年の改正では、女性やマイノリティの昇進機会へのハンディキャップを重視した「ガラスの天井法」が追加された。

これらの法改正により、アメリカではたとえば女性やマイノリティが採用や昇進において差別された場合、雇用側を告訴することができるようになった。また雇用者は、雇用形態に関する詳細報告と明確な不平等救済計画を提出するよう義務づけられるようになった。さらに影響力も強化され、直接差別だけではなく間接差別も告訴の対象となった。このため告訴を回避したい雇用者は、コンプライアンス（法令順守）を重視するようになっていった。

つまり、アメリカにおけるダイバーシティは、もともとは人材活用の切実な事情がありマイノリティへの教育機会や就業機会が拡大したが、職場その他の社会的公正には大きな課題があり、それらが社会運動によって変革され、法制度が整備されてきた経緯がある。

鍵を握るのは、「変革コスト」の相対的な低さである。アメリカのような多文化社会では相対的に立場の弱いマイノリティにとっては、社会的変革を起こした方がこれまでよりも良い処遇を受けられる期待値が高い。

一方社会変革の結果定められた法制度などにより、社会変革を受け入れない支配層（経営者など）は、訴訟を起こされることにより派生する多額の賠償金等大きなペナルティを科されるなど損害が大きい。他方で多様な人材活用は、企業経営にとってもポジティブな効果をもたらす期待値が高いことが予期される。つまり、総体的に社会変革を受け入れた方が利益が大きいのだ。

それでは、日本はどうだろうか。

日本社会の「変革コスト」の高さ

以上見てきたように、アメリカにおける「ダイバーシティ」は、二度の世界大戦における多様なエスニシティ（民族性）の「アメリカ人化」や、エスニックマイノリティの人材活用などの切実な要請がダイバーシティ理念の背景にあった。

一方日本の現状に鑑みると、グローバル化の影響により1980年代以降異文化間教育が要請されるようになり、昨今は「強い組織」のためのダイバーシティ・マネジメントの必要性が叫ばれるようになったものの、現実的にはエスニックマイノリティとの協業機会は乏しく、ジェンダーセグリゲーションも強固であり、日本人男性を主流構成員とする均質性の高い組織編成が改変されにくい傾向が見られる。

さてこのことと関連し、上述した川口章氏は、「男性プレミアム賃金」の存在が、企業の長期スパンで見た業績悪化につながるメカニズムについても検証している。これは統計的差別とも関連するが、同水準の能力をもつ従業員ならば、男性の方に高い賃金を「プレミアム（割り増し）」で支払う慣行を意味する。

男性プレミアム賃金の慣行が根強い企業では、女性は能力に比して相対的に低い賃金しか支払われないため、より正当に評価してくれる企業へと転職する傾向が高まる。他方、男性は他の企業に転職した場合現状よりも賃金が低下するため、現在の職場に「しがみつく」傾向が高まる。結果的に、相対的に能力の高い女性が退出する一方、相対的に能力の低い男性が多数派を占める状況が常態化していく……というのである。

この説明を読み、私はふと考えた。同業他社に転職すれば賃金が低下することが分かるような能力の低い男性で、かつ職場にしがみつくことにばかり専心するような従業員が多数派を占める職場とは、現実的にはどのようなものだろうか。

それはおそらく、「クビにならない」ことを第一目標に無難に業務をこなすことを目指し、責任を回避し、新規のチャレンジなどはもってのほか……という人たちが多数派を占める職場になるのではないだろうか。このような職場は、女性のみならず男性でも、能力があり進取の気性に富みイノベーションを起こすことを目指すような人たちには、著しく魅力のないものに映るのではないか。

これは日本社会の停滞の大きな要因である、「変革コスト」を相対的に高く見積もる組織の気質とも大いに関連する。「変えること・変わること」を極度に嫌う気質と、ジェンダーギャップが今なお埋まらない日本社会のあり方は、大いに相関するといえる。

「男性プレミアム賃金」と日本社会の停滞

さて、以上述べてきたことをやや大づかみに要約すると、次のような指摘ができる。日本で依然多数派を占める男性優遇型の企業では、短期的な売上高が高まる傾向があるが長期的な業績や利益率は悪化する傾向が見られる。一方、男女を均等に処遇する企業ではその逆の結果となる。

見方を変えれば、男女を均等に処遇する体力のある企業では、長期スパンで見た業績や利益率の向上を目指した経営が可能ということである。他方、男性優遇型企業はその逆といえる。

卵が先か鶏が先か……ではないが、体力があるから男女均等処遇ができるのか、できるから体力がある企業になるのか。ただそこに、上述した「男性プレミアム賃金」が招く職場風土を入れてみると、日本社会の停滞感が浮き彫りになる。

あえて言おう。このような職場では、男性が何かを成すことよりも男性が男性であることそのもの（さらに言えば、日本人の「標準的」労働者であること）に相対的に高い評価が与えられているのだ。それゆえ、人事評価ではリスクを取る人よりも瑕疵《かし》のない人、つまり無難さを第一に考え変革に消極的な人の方が高評価となり、その分組織に残留しやすく昇任昇給しやすい傾向が顕著となることが予期される。裏返せばこのような職場は、能力を十全に発揮して何事かを成したい人にとっては、男性でも女性でも同じく「働き甲斐のない」職場になるのではないだろうか。

たとえば読者のみなさまの職場は、業務の効率化や新規のプロジェクトの企画について、発案しても、「前例がないから」「変更に伴う事務手続きが煩雑だから」などと突き返されることが当たり前とはなっていないだろうか。

このように組織の変革について後ろ向きな企業は、旧来の男性メンバー中心の均質性の高い組織編成を変えることに消極的である。男女均等処遇に関する取り組みは、実はジェンダーに関することに留まらない。その企業の経営理念における優先順位や、今後の経営方針や将来への見通しにも大いに関連しているといえるのではないか。

この問題について、次章以降はくしくも安倍政権の「女性活躍」政策と併走してきた日経新聞連載コラムを読み返しながら、検証していきたい。

＊1　三浦まり『日本の女性議員――どうすれば増えるのか』朝日新聞出版、2016年
＊2　川口章『ジェンダー経済格差』勁草書房、2008年
＊3　山口一男『働き方の男女不平等――理論と実証分析』日本経済新聞出版社、2017年
＊4　馬越恵美子『ダイバーシティ・マネジメントと異文化経営――グローバル人材を育てるマインドウエアの世紀』新評論、2011年
＊5　長谷川珠子「アメリカは何をしてきたか」『差別禁止法の新展開――ダイヴァーシティの実現を目指して』日本評論社、2008年、45－68頁
＊6　尾﨑俊哉『ダイバーシティ・マネジメント入門――経営戦略としての多様性』ナカニシヤ出版、2017年
＊7　谷口真美「組織におけるダイバシティ・マネジメント」『日本労働研究雑誌』574号　2008年、69－84頁
＊8　谷口真美『ダイバシティ・マネジメント――多様性をいかす組織』白桃書房、［2005］2019年

第2章

なぜ日本のダイバーシティは進まないのか

彼女は自ら辞めていく

20年ほど前の、夏の日だった。久しぶりに電話で話した大学時代の友人の第一声は「私、会社を辞める」であった。私の友人は、類は友を呼ばずに優秀な女性が多い。就職氷河期の風が吹き始めた世代にもかかわらず、一流企業の総合職で内定を複数もらっていた。彼女もその一人である。入社して、まだ4年目。驚いて理由を聞くと「お母さんが、末期がんで」と言う。親戚がとても保守的で「実家に帰ってお母さんの面倒をみなさい」と、毎日矢のような催促を受けているところだった。彼女には兄もいたが、そちらは何も言われず。とにかく、おまえは女の子なんだから実家に帰れというのである。就職活動に懸命に取り組む彼女を見てきた私は、理不尽さに呆然とした。「本当にそれでいいの?」と聞くと、やや沈黙があって「もう、疲れちゃった」と彼女は言った。それきり、彼女とは音信不通になった。雇用機会均等法施行から、10年を迎えた時期であった。

女性活躍推進法、すべての女性が輝く社会、といった言葉を聞くたびに、彼女をはじめ離職していった友人たちの顔が浮かぶ。多くは消極的選択である。大半の離職理由は出産や育児だ。ただ、「出産・育児と就労の両立困難」という紋切り型の言葉の中には、日本社会の問題と女性のライフコースに課せられた矛盾が集積している。表層をなぞるのではなく、内実を精査すべきだ。厚生労働省「コース別雇用管理制度の実施・指導状況」(2014)でも日本の総合職女性は、採用後10年で6割が離職する。同男性で離職は4割弱。一方、管理職等に「出世」する男性は4人に1人だが、女性は1割に満たない。* 政府は「2020年に指導的地位に占める女性の割合を30%にする」と掲げた。なぜもっと早く包括的な取り組みに着手できなかったのか。

「女の子は総合職採用してもすぐに辞める」「妻は自然に離職しまして」等の男性の言葉を耳にするたび、そこに大きく欠落した視点を思う。なぜ女性たちは、男性から見れば自ら潮が引くように離職していくのか。そこには企業風土や育児現場での慣行の澱《おり》が、重く沈殿している。

(2015年10月3日)

*同統計は、「2005年の総合職新規採用者」の10年後(2014年4月時点)での状況を調査したもの。前回(2010年)は、「2001年の総合職新規採用者」の10年後の状況を調査したところ、「離職」は女性7割、男性3割であったので5年間で離職の男女差は縮んでいるが、半面「係長相当職」「課長職」等を合計した人の割合も男性4割弱、女性1割強から減少しているため、総体的に若年層が管理職などに昇任しにくい状況が浮き彫りになった。

「女性活躍」掲げれど　音速の人生設計まるでF1

「平成28年版男女共同参画白書」では、依然として変わらぬ女性の無償労働負担、低水準の女性管理職者割合、そして今なお第1子出産を機に6割の女性が離職するなどの現状が浮き彫りになった。* 生産年齢人口の急速な減少を受け、「女性活躍」が喧伝されているが、肝心の女性を活躍させ得る環境は未整備なまま。この状況を打開せず、女性「だけ」に就労も出産も高水準な育児も家事も介護も……という活躍を求めても達成は極めて難しい。たとえば34歳までに子どもを2人以上産み育てつつ就労継続すべしという、政府推奨の理想的ライフコースを再現すると、次のようになる。

まず、22歳で大学を卒業するまでにファミリーフレンドリーな会社に内定をもらう。そこから3年間血眼で婚活し25歳までに伴侶候補をつかまえる。結婚相手との平均交際年数は4年、結婚準備に半年から1年かかることから逆算した年数である。そして交際3年以内にプロポーズにもちこみ、28歳で婚約、29歳で結婚。直後に妊活し30歳までに妊娠。排卵は1年間12回だが、最短で職場復帰するためにベストな出産時期は自治体が来年度の保育所募集を締め切る前の8～10月であり、排卵3回分しかチャンスがない。このように31

歳までに第1子を出産、妊娠中から保活して託児先確保、32歳で職場復帰。さらに第1子は1年以内に卒乳し排卵を回復して33歳で第2子妊娠、34歳で第2子出産。これらをこなしつつ、妊娠予定の30歳までにマタハラにあわず大手を振って産休・育休を取得し得る程度のキャリアを確立せねばならない。

いったいこれは何のF1レースだろうか。いや、F1レーサーならばチームのサポートがあるが、女性は孤軍奮闘だ。弱小チームでも超人的能力で成果を出せるのは、トールマン時代のアイルトン・セナくらいではないか。2013年には女性が35歳を過ぎると妊娠・出産しにくくなるとの啓発目的で検討された「女性手帳」が、当の女性たちからは「余計なお世話」と立ち消えとなった。往年の名レーサー、ナイジェル・マンセルではないが、女性たちの内心は「走ってない奴は黙ってろ!」だったに違いない。

(2016年6月4日)

*同調査は2005~2009年に第1子を出産した女性(第1子出産前有業者)のうち出産後無業になった人の割合についてだが、次節でも指摘したようにその後の2010~14年に第1子を出産した女性(同)のうち無業になった人は5割と減少している。もっとも、2021年現在から見ても、おおむねこのコラムで指摘したような「女性の(超人的)理想的ライフコース像」に変化はない……。

女性の就業者数3千万人超　数だけではなく待遇向上を

２０１９年7月発表の総務省「労働力調査」によると、女性の就業者数が初めて３千万人を超えた。前年同月比で就業者全体の伸びの9割近くを女性が占めるという。

主因は専業主婦の減少だが、出産・育児に忙殺される30代で就業率が下がる、いわゆる「女性労働力率のM字型カーブ」も、M字の「底」になる部分が浅くなってきている点が注目に値する。現在「底」は35〜39歳だが、この年齢層の労働力率も76・7％と過去最高に近い水準となった。

時系列を追ってM字型の「底」をなす年齢層と労働力率を見てみると、１９７０年は25〜29歳が「底」で、この年齢層の労働力率は45・5％であった。当時の女性の平均初婚年齢は24歳であり、結婚後の離職率の高さがうかがえる。

女性の平均初婚年齢は70年代後半に25歳を超える。79年にM字の「底」は30〜34歳に移り、この年齢層の労働力率は47・5％となった。２００８年に「底」は35〜39歳になり、この年齢層の労働力率は64・９％に上昇した。

M字型の「底」が浅くなり後ろ倒しになった理由として、よく「出産・育児を経ても就労継続する女性が増えたから」といわれるが、果たしてそうだろうか。実は、就業していた女性が第１子出産を経て離職する割合は80年代から２０００年代まで６割で推移。子どもの出生年が10〜14年になってようやく５割に下がったが、変化は速くない。むしろ女性の晩婚化・非婚化が進み「結婚せず就労継続する女性」が増えたことや、出産・育児のタイミングにばらつきが出るようになったことが大きいといえる。

生産年齢人口の減少に伴う人手不足が深刻な日本では、単に女性の就業率を上げるのではなく生産性向上が必須だが、課題は山積だ。雇用されて働く女性の55％は非正規雇用であり、管理職に占める女性割合は「労働力調査」（18年）で14・９％と、他の先進諸国の３割から４割と比べて極めて低い。

近年顕著になった女性労働の傾向に「（家事育児などの）無償労働から（非正規雇用・低待遇の）周辺的・低賃金労働へ」がある。働く女性が増えても依然、基幹労働者とみなされていない現状が指摘できる。果たしてこれは女性にとって幸福な社会だろうか。性別その他の属性によらず、誰もが適性や能力を十全に発揮できる社会づくりへの目配りが必須といえる。

（２０１９年９月16日）

権力の座につけるのは鉄の女かプリンセス？

２０１７年10月の衆院選は「希望の党」を旗揚げした小池百合子東京都知事が、当初は台風の目と騒がれたものの序盤で失速。野党第１党にもなれず、公務で訪れたフランスでは「都知事に当選してガラスの天井を破ったが、総選挙で鉄の天井があると改めて知った」と述べた。党代表辞任は、その天井の強固さゆえだろうか。

ニューズウィーク日本版は小池氏を「鉄の蝶《ちょう》」と形容。「政界渡り鳥」とも呼ばれた彼女だが、どれほど「風」が吹いて蝶や鳥を華麗に舞い上げても天井は打ち砕けないのか。それとも戦略的撤退なのか。今後も注視したい。

それにしても、かつてのサッチャー元英国首相の「鉄の女」から、ドイツのメルケル首相の「鉄のお嬢さん」まで、権力中枢に上り詰めた女性のニックネームは、なぜこんなに鉄分が高くなってしまうのか。そこには、「一般的な（生身の）女性は、権力などには興味をもたないはず」との社会通念が潜んでいるように見える。国会議員の女性割合が日本より高い欧米社会でもこれでは、日本は推して知るべしである。

「鉄化」未満の女性政治家は「斬り込み隊長」の役割を担う場合も多い。かつて「仕分け」隊長を担った蓮舫元民進党代表しかり、待機児童問題で斬り込んだ山尾志桜里議員しかり。依然、女性議員割合が低い日本では、女性政治家は「紅一点」としてパフォーマンス要員に使われがちだ。

では女性は「鉄化」もせず、「斬り込み隊長」となることもなく、権力の座につくことはできないのか。出自に恵まれた「プリンセス」ならば、それは可能だ。小渕恵三元首相が亡くなった直後に、地盤を継承し26歳で当選した小渕優子議員は、その典型といえる。

先日来日して注目を浴びたイバンカ・トランプ米大統領補佐官は、大富豪にして現大統領の娘、起業家でモデルも務める美貌に3人の子持ちという、格差社会アメリカを象徴する最強の「プリンセス」である。今回の来日では、安倍総理主催の会食に招かれるなど、大統領補佐官としては異例の厚遇を受けたが、これも「プリンセス」ゆえか。

先日発表された世界経済フォーラムの男女平等ランキング（ジェンダーギャップ指数）で、日本は144カ国中114位と前年よりさらに順位を下げた。今この国では、「普通の女性」の引き上げこそが、求められているのではないか。

（2017年11月20日）

日本にバーグマンはいない

スウェーデン大使館で、イングリッド・バーグマンをテーマとするシンポジウムを聴講してきた。前半は、スティーグ・ビョークマン監督のドキュメンタリー映画「イングリッド・バーグマン〜愛に生きた女優」の上映。バーグマンが夫子を捨てイタリアのロッセリーニ監督のもとへ走った事件や、報道写真家ロバート・キャパとの大恋愛など、数々のスキャンダルを経てなお貪欲に演じ続けた姿勢について、後半の講演で作家のウルリカ・クヌートソン氏は「フェミニストのイコン」と激賞。その後のパネルディスカッションで映画監督の松井久子氏は、「日本にはバーグマンのように大女優でありつつ、私生活でも真に自由に生きられた人はいない」と指摘した。

印象に残ったのは、同パネルにて「AERA」前編集長の浜田敬子氏からクヌートソン氏への質問、「スウェーデンでは（共働き）夫婦で妻が夫から言われて腹が立つNGワードはありますか？　日本では、『好きで働いてるんだろう』と『母親のくせに』です」が、まるきり通じていなかった点だ。これについて、終了後のレセプションでスウェーデン人の女性公使をつかまえて質問してみたが……、やはりなかなか意図が伝わらない。ふいに思いついて尋ねた。「たとえば日本では、既婚女性が働く際に夫の許可が必要な場合が少なくないのですが、スウェーデンではどうですか？」。何か地球外生物を見るような目で私を見た後、彼女は言った。「働くことは個人の問題でしょう？」。なるほどスウェーデンでは、そもそもこの類の問題は消滅しているため、日本人女性の葛藤が理解不能だったのか……。

それにしても、「好きで働いてるんだろう」は、根深い問題を示す言葉だ。女性が自分で選んだことだからどんなにひどい状況でも文句を言うべきではないし、家庭責任をおろそかにするのはもってのほかとの含意が見える。これを社会問題ではなく家族問題とみなす考え方が、長じて待機児童問題一つ本気で解消しようとしない政策姿勢の根底に横たわっているのではないか。それでも、「とても時間はかかったが、私たちはなし得た」との公使の言葉を希望に、大使館を後にした。

（2016年9月17日）

スウェーデンの平等政策

スウェーデン議会の労働市場委員会議長、ライモ・ペルシネン氏の来日にあわせて開催された、日本人の働き方に関する意見交換会に出席した。男女平等政策に関しては優等生のような国だが、果たしてどのようにして可能となったのか。日本人女性の無償労働負担の重さや、世帯単位の税制とそれに伴う「夫に許可の要る」働き方……等について説明したところ、ペルシネン氏は「スウェーデンの1960年代のようですね」とおっしゃった。だが、現在は全く異なるとすれば変化のきっかけがあるはずだ。「男女平等推進の皮切りとなったのは、どのような改革でしょうか?」と尋ねると、「夫婦共同課税の廃止（72年）」だと即答。やはり税制改革の影響は大きいのか……。

育休制度に関しても先進的であったスウェーデンだが、夫婦共同課税の廃止からたった2年後の74年には、産休にかえて両親双方が取得できる育児休業を世界で初めて導入している。56年生まれのペルシネンさん自身も、娘が産まれたとき、警官で出張の多い妻に代わり5カ月程度の育休を経験。だがこれはもはや、短すぎるとのこと。最近、労働市場委員会所属の男性議員が育休取得を願い出たところ、他の委員全員から「（厳しい顔と声色で）

よろしい。だが分かってるんだろうね？　ちゃんと6カ月は取るんだろうね？　それより短いなんて、中途半端な取得は許さない！」と、くぎを刺されたそうである。ふきだしてしまった後、彼我の差に悲しくなったが、「超」少子化の進む日本こそ、今、まさにこれくらいの「イクボス」「イク同僚」が必要なのではないか。

翻って、先日決定された２０１７年度与党税制改正大綱。所得税の配偶者控除の廃止は今回も見送られ、代わって配偶者（実質的には妻）の年収上限が１０３万円から１５０万円に拡大された。このように旧来の「内助の功」型専業主婦優遇政策が維持される一方、厚生労働省などが要望していた認可外保育所やベビーシッターなど託児サービス利用料の控除は見送られ、共働き世帯には厳しい内容となった。今後若年層ほど共働きが増え、待機児童問題も深刻化する一方の現状に鑑みれば、極めて残念な内容と言わざるを得ない。

（２０１６年12月24日）

「忖度社会」変えるには

新年、改めて「ダイバーシティ（多様性）」が日本に根づくのかを考えた。

2017年の新語・流行語大賞に「忖度《そんたく》」が選ばれたように、この国では場の「空気」を読み合うコミュニケーションが社会を覆っている。文化人類学者エドワード・ホールは、日本はコミュニケーションにおける文脈依存度が高い「高コンテクスト文化」、米国は言語による説明を重視する「低コンテクスト文化」と対照的に述べた。

ただ私は、この点に関しよく言われる「同調圧力の強い日本では、多様な価値観は認められにくい」と、単純な指摘で終わる気はない。というのも、恐ろしいほど変わり身が早いのが日本人の文化特性の一つだからだ。明治維新と第2次大戦後の2度の「外圧」と、その後の急速かつ柔軟な異文化受容に鑑みてほしい。ひとたび「みんなやっている」となれば、昨日唾棄《だき》したものを、今日はみこしに担ぐのが日本人だ。「多様性の受容」についても、変わるときには雪崩《なだれ》を打って変わりうる。

ダイバーシティ実現の障壁となるような「事件」は、17年も多々起きた。印象的だったのは、熊本市議の子連れ登院に対する賛否両論だ。「女性の窮状を訴えたい」という同議員に対し、多くの意見は「気持ちは分かるが方法が稚拙」というもの。1987年、タレントのアグネス・チャンの子連れ出勤が物議を醸した「アグネス論争」をほうふつとさせられた。

まだ育児休業法が制定されていなかった時代。楽屋に子連れで来る「横紙破り」と呼ばれた行為はやがて国会を動かし、制度成立の起爆剤となった。熊本市議の行為もとっぴだと批判される点は同様だ。だが、彼女がアグネスのように「控室でベビーシッターに子どもを預けていた」ならば、問題となっただろうか。

そう。かつて「問題」であったものは、今やそれほど問題視されなくなった。それでも壁があると指摘したければ、人は表層的には平穏な「空気」を引き裂くため、横紙破りに走らざるを得ない。忖度文化社会を変えるには、外圧と横紙破りが最も効力を発するからだ。地道で建設的な社会変化を目指すには、この文化特性を理解した上での創造的な討議が必要である。

きょうは成人の日。新成人がつくる次世代は、この問題を超えて、多様な人同士が協業しやすい社会となってほしいと、切に願う。

（2018年1月8日）

日本もセクハラ追放のうねり

ハリウッドに続きカンヌでも――世界同時多発的にセクハラ追放の機運が高まっている。その中心的な位置を占めるのは、SNS（交流サイト）上のセクハラ被害告発キャンペーン「#MeToo（私も）」だ。日本ではなかなか根づかないと言われていた矢先、財務省事務次官がセクハラ疑惑から辞任。女性活躍を担当する野田聖子総務相は5月に入り再発防止策をまとめる意向を表明するなど、日本でのセクハラ追放のうねりの行方が注目される。

セクハラは健全な職場風土育成を阻害し、生産性と企業の利潤双方の低下に結びつく悪弊である。醜聞や人権問題はもとより、経済問題としても真摯に問い直されるべき課題だ。

また、社内研修ではセクハラ防止を呼びかけつつ、裏では「会社のために、取引先の相手から受ける多少のセクハラは、笑って受け流すべき」などと女性たちに暗黙に要請するようなダブルスタンダードも、解消が求められる。

そうした観点からセクハラの問題をとらえ直す変化が急速に訪れている。カリフォルニア大学のジョアン・C・ウィリアムズ教授と、ラトガース大学のスザンヌ・レブソック名誉教授は、「『#MeToo』運動を機にセクハラ文化は終わるのか」と題した論文(『DIAMONDハーバード・ビジネス・レビュー』6月号より)で、現在米国人の87%がセクハラを一切容認すべきでないと考え、男性の5割が女性をめぐる自分の言動に対して考えを改めたと述べている。

背景にあるのは男女の対立ではなく、一部の不届き者が他人の仕事を邪魔すべきではないという認識の浸透によるものだという。

今起きているのは、創世記のアダムとイブの神話に連なる女性への偏見を打ち砕く、社会的慣習の根源的変化だ。これは決して、性差やその美点が失われることを意味しない。葬り去られるべきは、女性が自身の意に反する性的対象扱いに耐えねばならなかった「悪しき労働文化」の方だとこの論文は指摘している。「誰もが職場で真《ま》っ当《とう》に仕事がしたい」のだから、と。

この、人として当たり前の希望が、生まれながらの性別によって阻まれてきた歴史こそが、間違っているのではないか。「ダイバーシティ(人材の多様性)」とは、人間の当たり前の希望を、現実にするための方途である。

(2018年5月21日)

育休復帰「私は会社で塩漬け」

産休・育休からの復職後、会社の「配慮」により仕事が補助的な業務に転化したという総合職の女性が、「私は会社で塩漬け」ともらすのを聞いたことがある。同様のことは、ケアワークを抱え込んだ男性にも起きうる。妻の入院で幼い子どもの世話を背負い込んだ、老親の介護が必要になったなどの理由から異動や時短勤務を余儀なくされ、「出世コース」から外された男性も珍しくはない。この国でケアワークと就労を両立するためには、生産性の高い仕事は諦めなければならないのだろうか。

厚生労働省「雇用均等基本調査」（2014年度）の企業調査で、「女性の活躍を推進する上での取り組みとして必要と考えていること」（複数回答）をみると、「女性の継続就業に関する支援」とする企業割合が67・3％と最も高い。「就労継続支援」は大企業ほど重視する傾向があり、従業員5000人以上では90％が必要と考えている。

同調査の事業所調査によれば、育児のための短時間勤務制度などがある事業所は61・3％だが、時短勤務はいわゆる「バリキャリ」志向の女性には悩ましい問題だ。ジャーナリストの中野円佳氏は学会誌「女性学」で、仕事と育児の「両立支援」が、男女の「均等推進」にはつながっていない問題や、当の女性たちが抱える葛藤を指摘。時短を利用すればこれまでのような「戦力」としては認められず、「マミートラック」に乗せられてしまう。利用しなければ、子どもへの後ろめたさにさいなまれる。

背景には、女性活躍の取り組みが就労継続中心で、生産性の高い働き方と出産・育児とが実質的には両立しがたい現状があげられる。あまりに就労継続に傾いた女性活躍推進の在り方が、マミートラック層の増加による「飽和状態」を生み、同僚への負担増のようなゆがみをもたらしている点も中野氏は指摘する。

生産年齢人口の急減が見込まれるこの国では、女性が就労継続はできても生産性が高まらないという現状を打破せねばならない。鍵を握るのは、女性以上に管理職の意識改革や人材育成の機会均等だが、先述の調査では、「中間管理職や現場の管理職の男性に対する女性の活躍の必要性についての理解促進」や「人材育成の機会を男女平等に与えること」が必要と回答した企業は3割前後にとどまる。「女性活躍」観自体の改変が求められている。

（2017年6月5日）

いいとこどりの女性活躍

第4次安倍改造内閣が発足した。今回、女性閣僚は片山さつき地方創生相ただ一人。記者会見でその点を聞かれ、安倍晋三首相は「女性活躍はまだ始まったばかり」と答えたが進捗はいかに。そこで、ここまでの「女性活躍」を総括したい。

安倍政権で「女性活躍」が最も注目されたのは2013年に成長戦略に掲げたときだろう。15年成立の女性活躍推進法では大企業に女性登用の数値目標を盛り込んだ行動計画策定を義務付けた。厚生労働省は101人以上300人以下の企業にも計画をつくるよう検討を開始。中小企業の経営者からは負担の大きさを理由に反対意見が出た。

つくづく、「女性活躍」への視線は立場により温度差がある。人手不足や社会構造の変化から、能力のある人材は性別を問わず登用したいと考える経営者は着実に増えている。他方、現場の管理職は、女性の育成や登用に不慣れな場合があり、当惑も大きい。

当の女性たちの受け止め方も千差万別だ。職種や転勤の有無で「総合職・一般職」などに分けて処遇するコース別管理制度は、常用労働者数5000人以上の企業で52・8%(厚労省「雇用均等基本調査」17年度)が導入。幹部への起用なしを前提に働いてきた一般職の女性たちには「今さら活躍と言われても……」との戸惑いもあろう。「変わること」への現場の負担感は大きな障壁である。

社会に目を向ければ、保育を受けられない待機児童の問題も残る。政府の女性関連政策を総合すると、女性に旧来の家庭責任と、現行での男性の働き方を基準とした「活躍」を同時に求めるという、実現困難な像が浮き彫りになる。

旧約聖書の「バベルの塔」を想起した。人々は無謀にも実現不可能な天へ届く塔の建造を試みた。神の怒りを買って塔は破壊され、人々の言語はばらばらにされたとか。ここで思う。実は人々の言葉はもともと多様だったのではないのか。

多様な思いや欲望を無視して、「いいとこどり」の政策を推し進めれば、頓挫は必至だ。そもそも女性活躍は、女性だけの問題ではない。男性も含め、社会の変化に即した「就労・家庭生活・余暇」再編こそが問われよう。それには、ただ一つの塔ではなく、多様な住居群が立ち並び協業し得るような、設計図の引き直しが必要ではないのか。

（２０１８年11月19日）

「女性活躍」最大の壁　偏見という名の怪物

2016年2月末、気がかりなブログ「炎上」事件が起きた。ある家事代行業者の男性執行役員（当時）が「女性に読んでほしくない女性のマネジメントについて」と題して書いたものだ。「女性という生物の特徴を知ること」が大切と説き、「（女性は）1、口は出すが責任は負いたくないわがままな生き物」「2、数字だけでは燃えてくれないめんどくさい生き物」「3、解決しなくても共感してくれればいいと思ってる意味不明な生き物」等と述べた。

この文章には女性とうまく協業しようという素晴らしい意図を灰じんに帰して余りあるほどに、残念な点が3つ挙げられる。第一は、この文章が全面的に女性に対する侮蔑表現で書かれている点である。家事代行業という、女性従業員比率が高い分野に携わる人がこの心性とは驚いた。差異を論じるだけならば、たとえば「1、個別的な立場を問わず、率直な意見を述べる」「2、目先の数字目標ではなく、何のために取り組むべきかなどの内実を重視する」等であれば問題なかったはずだ。

第二は、3の要点で彼が侮蔑対象とした「共感」こそが、当該分野では重要だという点である。家事など日常的な対人サービスに終わりはなく、解決よりも顧客の共感とそれに基づく納得や信頼を勝ち得ることこそが肝要ではないのか。それゆえ3の要点は、「共感能力にたけた女性の資質を最大限に引き出すことが、マネジメントの鍵」等と書いてほしかった。第三は、件のブログはすでに削除されたが、当該企業サイトには当人ではなく上司（しかも女性）の謝罪文が掲載されていた点である。これは「口は出すが責任は負いたくない」のは女性に限らない点を、身をもって示したのかもしれない。

2016年4月1日より女性活躍推進法が施行されたが、日本の企業には今なおこのような女性観をもつ人が少なからずいることが危惧される。日本女子大学・大沢真知子教授の調査によれば、「女性は昇進意欲に乏しい」等の先入観が高学歴女性に十分な能力開発機会を与えない傾向につながり、結果女性が就労意欲を失い離職する主要因となっている。「女性活躍」の最大の壁は、この国に巣くう偏見という名の怪物かもしれない。

（2016年4月9日）

振り返り

女性が働けば万事オッケー、なのか⁉

女性活躍推進は「日本女性超人化計画」

日経新聞2016年6月4日付「『女性活躍』掲げれど 音速の人生設計まるでF1」は、私のコラムにしては話題になった。というか、半ば「炎上」した。政府が推奨する「女性活躍」を1人の女性のライフコースとして書き起こしたらこうなる……というのを、各種統計調査結果などに鑑みて愚直に「足し算」した結果なのだが、ひたすらシンプルに「無茶」だったからだ。

おかげさまで、私も女性の働き方やダイバーシティについての講演やシンポジウムに呼んでいただく機会も増えた。あるとき、ダイバーシティに関するシンポジウムに登壇する前、控え室のモニターに映し出された同じ会場の「女子大学生のための就活セミナー」を聴いた。モニター越しにお話をうかがっていると、まさに登壇者の女性は「F1レーサー型」だった。

彼女は雇用機会均等法施行以前から一流企業の総合職相当で勤務し、役員まで上り詰めた人のようだった。しかも、結婚も出産もあきらめなかったという。子どもが乳幼児期は、毎日終業後保育所に子どものお迎えに走り、子どもをお風呂に入れて夕飯を食べさせ、寝かしつけてから毎晩会社に戻り、深夜まで仕事をしてきた。仕事のペースもいっさい落とさず、出世もあきらめず、子育てもすべて自分で行ってきたという。本当に、立派な方である。

ただ「私が出来たのです。あなたたちも出来るはず」と語るその人のお話に、心なしか会場の女子大学生のみなさんの雰囲気が、凍りついていったように見えたのは気のせいか。

F1レーサーは、最大で首に5Gもの重力がかかるといわれている。はねのけて高速で走るには、まずは高性能マシンのシートを確保した上で相当な体力と気力、それにチームスタッフとの連携が必要だろう。

日本で女性がフルスロットルで「仕事も家庭も」両立して駆け抜けるには、重力に抗する並みの努力が必要なのかも知れない。「自然体」などでいたら、とてもではないが不可能だ。私はこういう女性に「無茶ぶり」な女性活躍推進関連政策を、「日本女性超人化計画」と呼んだ。この国で「普通の男性」が管理職を務めながらパートナーや子どもをもつのは「自然」なことだが、「普通の女性」には依然とてつもなく難しい。そのことを多くの人に理解してほしかったからだ。

出産育児と就業両立は「運頼み」なのか

よく、出産育児を経てなお仕事もバリバリ続けられている女性が言う台詞に、「私は運が良かったんです」がある。「運良く」を枕詞に続くのは、「職場の理解があった」「パートナーが協力的だった」「希望の認可保育所に入所できた」「実母が近くに住んでいて子育てに協力的だった」「手のかからない丈夫な子どもだった」……等がある。

逆に言えば、「職場の理解がない」、「パートナーが非協力的で『おまえが仕事を辞めればいい』『仕事を続けてもいいけれども家事育児に手は抜くな』という態度」、「希望の保育所に入れなかった」、「子どもは身体が弱くしょっちゅう熱を出しては保育所から呼び出しがかかる」、「実家は遠隔ないしは事情があり子どもを預けられない」……ようなマイナスポイントが重なれば、自ずと仕事と育児を両立するためのハードルは上がる。

しかしこれらの条件は、「運が悪い」ことなのだろうか。たとえばこの国では、依然女性管理職者割合が低く、職場ではマタハラが横行する……までは行かなくても、「出産予定者はできるだけ順番で産んでほしいという慣行がある」「忙しいときに産休育休は迷惑なので妊娠は計画的に」などという微妙な事例は珍しくもない。

「制度の整った大企業」と、「一人でも欠けると仕事が回らなくなる零細企業」の職場風土や慣行の差も大きい。「職場の無理解」は、程度の差こそあれ根強いものがある。

さらに、日本人夫は先進国で一番家事育児に非協力的。待機児童問題は今なお解消せず、実家が協力的かどうか、子どもが丈夫かどうかは個人差が大きい……となれば、これら諸条件がひとつないしは複数重なるケースなどざらにあるだろう。

少子化対策も女性の就業継続支援も、当人の個人的な条件面の如何を問わず、たとえ運が良くなかった人たちでも希望すれば出産も就業継続も「普通」に行うことが可能になることを前提に行われるべきではないのだろうか。「運が良かった」と語る人たちの背後には、大量の「子どもか仕事のいずれかを諦めなければならなかった〝運の悪い〟人たち」がいることを忘れるべきではない。

個人的には、この種の話を聴くたびに、セガの名作ゲーム「龍が如く」の主人公、桐生一馬が街のその他大勢の名もなきチンピラ相手に「運が悪かったんだよ、お前らは」という有名な台詞が頭の中に反響してしまう。世の中の多数派は、「一人で世界と闘える」ゲームの主人公よりは、「街中のモブ（その他大勢）キャラ」に近いのではないかとも思う。

私自身、自分がものぐさで頭も要領も残念な人間。という自負はあるため、「環境にめぐまれた優秀な人」が「ものすごくがんばって」達成できる水準を一般的な人たちに適用すべきではないと強く思っている。むしろ多数派を占める「環境が整わない場合も大いにある普通の人」が「自分の人生を楽しんで／自分やパートナーとともに幸福になるために」選択するライフコースは、たぶんこんなスーパーウーマンではないだろうとも思う。

そして、こんなすごい人ばかりをショーウィンドーウーマンとしてキラキラ飾り付けることは、一部の優秀な女性には目標になっても、多数派の女性にはハードルが高すぎて挑戦する気力を奪ってしまうことも懸念している。女性「でも」優秀な人「ならば」成功できるはずとのロジックは、無意識のうちに「仕事と家事を十全に両立できない」ことを、女性当人の「自己責任」に押し込めてしまう危険性も孕んでいるからだ。

「女性が昇進を望まない」ことの背景

実際に、女性管理職者や役員が増えない理由として、「女性が望まない」「女性の昇進意欲がない」と回答する企業は多数派である。

たとえば、日本生産性本部による２０１６年調査で企業に「女性社員の活躍を推進する上での課題」を尋ねたところ、「女性社員の意識」が81・6％と最も多く、次いで「育児等家庭的負担に配慮が必要」59・1％と女性自身に関係するものが高く、企業は「女性の昇進意欲」や「両立のための環境の未整備」が主要因と考えていることが浮き彫りになった。一方、「管理職の理解・関心が薄い」53・3％、「男性社員の理解・関心が薄い」46・8％といった職場風土や慣行の問題や、男性社員の側の問題もようやく半数が目を向け始めている。[*1]

さらに、日本の上場企業では2019年現在役員に占める女性割合はたった5・2％である。朝日新聞調査によれば、国内主要100社中最新の有価証券報告書などで取締役・監査役に女性がゼロだった企業14社に「どんな条件が整えば女性役員が誕生しやすくなるか」（複数回答）を聞いたところ、回答があった11社のうち最も多かったのは「女性社員の昇進意欲の向上」と「女性採用者数の増加」が各5社。他方、「経営層の意識改革」と答えたのは2社、「男性社員の意識改革」は1社と、やはり「女性の意欲のなさ」が原因と考える企業の多さが浮き彫りになった。[*2]

労働経済学を専門とする大沢真知子氏は、大卒女性の離職理由の日米比較データから、日本の大卒女性は「仕事への不満」63％（同アメリカ26％）、「仕事への行き詰まり感」49％（同アメリカ16％）で、一方、「育児」が理由で離職する女性は32％（同アメリカ74％）と、大方の予想とは異なり、日本の大卒女性は仕事への不満ややり甲斐のなさから離職しているとの分析視角を紹介している。[*3]

実際、中高年男性が管理職の多数派を占める日本の職場では、第1章で指摘したように、統計的差別や制度的惰性が「職場慣行」の土台となり、女性の昇進意欲を引き下げているとの指摘もある。人材開発を専門とする中原淳氏によれば、多数派の女性は入社時は昇進意欲があっても、入社後1年で昇進意欲が男性より格段に下がってしまうなどの統計結果から、「昇進意欲」は個人の志向性の問題というよりも組織的課題と考える必要性を指摘している。[*4]

「女性活躍」が一番遅れているのは政治分野

2019年現在、総務省「労働力調査」で見た日本の管理職者に占める女性割合は14・8％、一方ILO（国際労働機関）調査による同世界平均は27・9％と、大きな隔たりがある。さまざまな統計調査結果に鑑みて、今なお日本の女性が昇進意欲をもち就業継続するには「逆風」ばかりが吹き荒れている。

安倍政権の「女性活躍」は、結局総合的な意味では「追い風」にはならなかった。なぜなら、上述したように第2次安倍政権発足後の2013年から2019年にかけ女性就業者は300万人以上増えたが、その半数以上は非正規雇用であり女性管理職者割合は微増で、何よりそれを「女性自身の意欲のなさ」と考える企業が多数派を占めているからだ。

この問題は単純に女性当事者の問題というよりも、さまざまな要因が絡み合った構造的課題の解決から考える必要があるが、肝心の政治決定の場には経済分野以上に女性がいない。

2020年、安倍総理の退陣に伴い行われた自民党総裁選にも結局女性候補者が立つことはなかったのはこのことの証左であろう。過去に自民党総裁選で過去に立候補できたのは、2008年の小池百合子現東京都知事のみである。「女性活躍」というならば、まずはそこから改革すべきではなかったのか。

＊1　日本生産性本部「第7回『コア人材としての女性社員育成に関する調査』」2016年2月10日

＊2　「女性役員ゼロ、自己責任？　全て男性の主要企業に聞く」朝日新聞2020年3月8日付朝刊

＊3　大沢真知子「ダイバーシティ&インクルージョンの必要性とその課題」『なぜ女性管理職は少ないのか』青弓社、2019年

＊4　中原淳「なぜ女性は入社1年で昇進する気が失せるのか」『PRESIDENT　WOMAN』2019年8月28日配信　https://president.jp/articles/-/29689

第3章

かわったようでかわっていない

コロナで見えてきた日本の不寛容

新型コロナウイルス流行がもたらした最大の「敵」は、社会の分断だろう。このパンデミック（世界的な大流行）は当初発生源とされる中国人、さらにはアジア人差別を世界中でまん延させてしまった。

国内に目を転じれば、地域間移動の「自粛」を求めるあまり、地元住民以外への敵がい心をあらわにする事態も横行している。例えば2020年4月下旬には、岡山県の伊原木隆太知事が山陽自動車道下り線の瀬戸パーキングエリアで、来県者らへの検温を行うと発表。その際の発言を巡ってインターネット上で批判が殺到したこともあり、その後、検温は中止することとなった。

「県外」という言葉は、今や感染リスクへの恐れとともに用いられている。知事による県外からの流入制限指示が結果的に県民に強く意識されすぎたのか、他県からの流入者への過剰な排斥が見られた地域もある。県民を守る義務感は理解できるが、一歩間違えれば「よそ者」意識に拍車を駆ける懸念はないか。

実際、全国各地では県外ナンバーの車が傷つけられ、退出を促す紙が貼られるなどの嫌がらせが起きているという。私見では、車の普段の利用地域と登録住所が異なる場合もあり、国民生活維持の観点からも商用車の移動を完全に止めることは現実的ではない。さらにこのウイルスが収束した後も、よそ者への敵がい心が表明された地域への不信感は残されるだろう。

人口減少が進む日本では現在、Iターンや二地域居住、さらには老後移住などを奨励し工夫を凝らす市町村が多々ある。だが、今回の件で閉鎖的な土地柄が強調されれば、新規住民獲得に尽力してきた現場の努力は水泡に帰す恐れもある。

県外ナンバー車への嫌がらせは「自粛警察」と呼ばれる私的制裁だ。正直、戦時中の隣組を彷彿《ほうふつ》とさせる事態に、戦慄を覚えた。

背景には、政府がロックダウン（都市封鎖）ではなく、あくまで国民の自粛による対応を要請したことが挙げられる。自粛の内実は個々の国民の立場や意識により温度差があるからだ。

「他者への不寛容」は、そこに正義があると信じられれば歯止めが効かなくなる。普段とは異なる日常への不安や閉塞感、感染への恐れが、同調圧力と逸脱者への排撃を生むのか。今私たちが戦うべきは、ウイルスであって人ではない。ダイバーシティ浸透のためにも、強調しておきたい。

（2020年6月1日）

女性の自殺者増える

2020年10月の東京都医師会定例記者会見で、平川博之副会長が8月の国内自殺者数について若年層と女性が急増したと報告した。資料によると2017〜19年の同月平均と比べ、20代未満は2倍以上増えた。40歳未満の性別を見ると男性は356人で前年比31・4%増だが、女性は189人で前年比76・6%の大幅増という。

一般に国内での自殺は男性が7割を占め、女性が急増するのは極めて珍しい。この点について同報告では、女性の経済的基盤の弱さも指摘した。「労働力調査」の20年7〜9月期平均と前年同期を比較すると、非正規職員数は125万人減だが、内訳は女性が79万人と多い。背景には観光・宿泊・飲食業など「非正規女性職員」が多い業種の休業や減収が考えられる。

会見では女性の自殺急増の要因として自粛生活での孤立に加え、リモートワークや休校措置で女性が家族のケアを抱え込んでいる点も指摘された。たしかにこれら「ステイホーム戦略」は、この国の「男女で非対称な家族のケア負担」を先鋭化させた。ただでさえ女性は平均的に男性の5倍の時間を家事・育児・介護などに費やすが、自粛生活下ではどうなったか。

社会学者の落合恵美子氏と、鈴木七海氏が4月に実施した在宅緊急調査によれば、子どものいる女性の36％が「家事育児」に困ったとしているのに対し、子どものいる男性では15％と女性の半分以下にとどまる。さらに休校や保育園休園が理由で子どもが家にいる場合を見ると、女性は44％に跳ね上がった。

子どもや夫の昼食の支度、休校中の学校から課された子どもの自宅学習の手伝いなど、昼間の時間もすべてケアワークに費やすことを要請され、睡眠時間が減少し、心身の不調を訴える女性が増加したとも指摘される。

新型コロナウイルスは、つくづく新自由主義的な感染症といえる。元からあった経済社会的格差があらわになり、若年層や女性に牙をむいているように見える。しかも、本来なら被害者であるはずの感染した人に「自己責任」が問われてしまう。このうえ過剰な「自粛」を要請する日本社会の気風が加わり、平素から家族のケアを担うことが期待される女性たちは重圧に苦しめられる事態となった。

この「社会的な病」を克服するには、社会のはらむ構造的課題を解決する必要があると強く訴えたい。

（2020年11月21日）

見えづらい貧困、生理用品購入の負担を減らそう

２０２０年11月、スコットランド議会は住民への生理用品の無償提供を全会一致で決定した。ニコラ・スタージョン首相は「必要とする全ての人に、生理用品を無料提供する世界で最初の国になる」と宣言。今後は学校などで生理用品の無償提供が義務づけられることとなり、公共施設も政府が無償提供を要請できることとなった。

たかが生理用品？　そう思える人は女性たちがひそかに苦しめられている「生理の貧困（Period Poverty）」を見ずにすむ幸運な人といえる。これは経済的な理由により十分な生理用品が購入できない、ないしは利用できない人たちの苦境を意味する。途上国ではかねてより深刻視されているが、実は先進国も無縁ではない。

たとえば英慈善団体「プラン・インターナショナルＵＫ」の調べでは、同国の少女の約10％が生理用品を購入できず、15％が購入に苦労し、19％がコスト面から自分には合わない商品を使用している。

女性が一生涯に生理である期間を合計すると7年間近くになる。そのための生理用品費の総額はおおむね30万から70万円ほどとされるが、２００万円を超えるとの試算もある。

さらに生理用品の不足による活動範囲や就業の制限による経済的損失を加味すれば「費用」はさらに増大する。

これは「女性のみに課せられる切実な出費」であり、放置は社会的不公平との観点から、ケニア、カナダ、インドなど複数の国では課税が撤廃されてきた。

日本ではどうだろうか。生理用品も満足に購入してもらえない女児が、必要に迫られ万引きしてしまう痛ましい事例も漏れ聞こえてくるが、公式な統計調査もなくこの話題を公に問うことへの忌避感もあり、見えにくい課題といえる。

国民生活基礎調査（2019年）によれば、18歳未満の子どもの貧困率は13・5%。7人に1人が中間的な所得の半分以下で暮らしているため、女児への生理用品無償提供の潜在的ニーズは大きい。

それでなくとも、コロナ禍は女性への経済的ダメージが男性より大きい。労働政策研究・研修機構とNHKの調査によれば、20年4月以降に仕事を失った人のうち、11月時点で再就職していない人は女性が男性の1・6倍だ。この「格差」を埋めるためにも、日本でも無償化ないしは課税撤廃が検討されるべきだ。

（2021年2月1日）

専業主婦の年金めぐる記事に批判

ウェブ雑誌「マネーポストWEB」の2019年5月5日付の記事「働く女性の声を受け『無職の専業主婦』の年金半額案も検討される」がネット上で批判を浴びた。夫の厚生年金に加入し、年金保険料を支払わずに基礎年金をもらうことができる専業主婦、つまり「第3号被保険者」に関するものだ。

記事によると、共働きの妻や働く独身女性からの「保険料を負担せずに年金を受給するのは不公平」という不満が根強くあるため、政府は第3号被保険者の縮小を閣議決定し、厚生年金加入要件を緩和した。パート就業者らの加入が進めば「最後は純粋に無職の専業主婦が残る」わけだが、今後は「無職の妻」からも保険料を徴収する案などが浮上しているという。

これに対し、働く女性たちを中心に「勝手に私たちの声を代弁するな」とネット上で不審や怒りの声が挙がった。そもそも政府がパート就業者や専業主婦から保険料を徴収する検討を進めているのは財源不足が主要因であり、働く女性の要望によるものではない。仮にそうだとすれば、なぜ待機児童問題は一向に解消されず、家事育児サービス利用費の税制控除も導入されず、女性の平均給与は男性の約半分の水準のままなのか。依然、家事・育児・介護負担は女性に偏り、やむを得ず離職するケースも多いという社会の構造的課題を無視した記事、との批判も目についた。

記事は「働く女性VS無職の専業主婦」の対立をあおっているが、私見では典型的な女性の「分断統治」の目線である。現在は出産・育児で離職しても再就職する女性が多数派で、生涯専業主婦の女性はむしろまれだ。現実的とはいえない対立図式を前提に女性たちを恣意的に分断し「女の敵は女」の利害対立を敷衍《ふえん》する言説こそ「女性の最大の敵」といえる。

批判に対して同誌は、5月21日付で「働く主婦と専業主婦を分断しているのは国（厚労省）である」との弁明記事を掲載した。素朴な疑問だが同誌の「主体」はどこにあるのか。「国のいうことをそのまま伝えただけ、悪いのは全部国ですよ」との姿勢は、ジャーナリズムとしても大いに疑問である。

言説への責任感こそが、マスメディアへの信頼の源泉ではないのか。ダイバーシティ推進のためにもそろそろ「女の敵は女」というような不毛な議論はやめにしてほしい。

（2019年6月3日）

「女の敵は女」は本当か

私は仕事に関してあまりえり好みはしないほうだが、ひとつだけ受けないものがある。それは、「女の敵は女」という図式の依頼だ。たとえば、2015年は所沢市で「第2子出産で認可保育園退園」問題が起こった。これは、第1子を認可園に通わせている親が第2子を出産し育児休業を取得した場合、第1子が0歳から2歳の場合は退園となる、との制度の導入により起こった問題である。同様の制度は他の自治体にもみられ、似た境遇の母親たちを中心に、ネット上でも議論が沸き上がった。

すでに第1子を預けている母親は、「2人を同時に自宅で世話するのは大変。せっかくできあがった生活リズムや友達関係から離れるのは子どももつらい」などと主張。一方、待機児童を抱える母親は、「保育先が確保できなければ、自分は職場復帰ができない。育児休業を取得できたならば、譲ってほしい」などと、こちらも切実な意見が目立った。母親同士の争いを揶揄《やゆ》するような意見も見られ、私は嘆息した。問題の根底にあるのは圧倒的な保育園不足であり、母親たちの私怨に落とし込むべきではない。そもそも意見するのが、ほぼ母親ばかりなのも気になった。父親も含めた保護者全般の問題であるはずなのに、と。

1950年代の「第一次主婦論争」から、昨今の女性同士のマタハラまで、この国は「女の敵は女」言説であふれている。背景にあるのは社会構造や制度上の課題なのだが、これらを女性たちに巧妙に見えなくするための文化装置だろうか。だから女性のみなさん、どうか「真の敵」を見極めてくださるようお願いします。

次点で依頼されると困る仕事は、芸能人の年の差婚などが話題になると出てくる「今、おじさんが若い女性にモテるという事実を裏付けてください」といった類のもの。各種統計に鑑みれば、若年層の恋愛観は同世代・同類婚志向が高くなってきており、つまりおじさんはどんどん若い女性にモテなくなってきています、と説明するのだが、相手は諦めない。「では、多数派がモテなくても、モテるおじさんはここが違う！　というコメントをいただけますか？」などと言われてしまう。もう本当に、勘弁してください……。

（2016年2月13日）

「フェミニスト」男性も名乗り

大学でジェンダー論を教えていると、よく直面する誤解に「フェミニズムは男性・男社会＝悪という前提のもと、女性が男性に異議申し立てする思想運動」だとの認識がある。

この基底には「男性対女性」の短絡的な二項対立図式がある。例えば2018年2月、都内で女性専用車両に「男性差別」と男性が乗り込み、遅延を招いて話題になった。その運動を起こした男性も、その場で退出を要請した女性たちの対応も、さらにはそれらに対する感情的な反応なども、俯瞰《ふかん》すれば、男女の二項対立が前提といえる。

同事件には、背景にある性犯罪や性被害の実態のほか、都市部の公共交通機関の現状など幾重にも検討すべき社会問題がある。ところが問題を単なる男女の対立図式に落とし込んでしまうと、それらの諸相をはぎ取る危険性をはらむ。

私見では、フェミニズムはもはや「(生物学的な) 女性だけ」の問題ではない。大枠では、社会の性規範が個人の多様な個性や適性に対し阻害的に働く事態を問題視し、解決に向け何ができるかを考えることが中軸にある。個人の尊厳を守るために、必要な性の尊厳をいかにして守るかが課題となる。この大切な課題を問う資格は、誰にでも開かれてしかるべきだ。

世界を見渡せばカナダのトルドー首相やオバマ前米大統領のように、昨今はフェミニストを名乗る男性も珍しくない。2018年3月の国連女性の地位委員会ではグテレス国連事務総長が「私は誇り高きフェミニスト」だと宣言。2017年には、人種や性差別などの発言を繰り返すトランプ米大統領への批判から、ハイファッション業界でも移民や女性の権利を印字したTシャツが発表され、多様な体形・人種・年齢のモデルを起用したショーが多数開かれた。

機運は続いている。アーティストのビヨンセや女優エマ・ワトソンらがフェミニストを自称。いまやフェミニストであることは、多様性や人権に配慮し「クール」であることの象徴だ。

この現象を、作家・編集者のアンディ・ゼイスラーは「マーケット・プレイス（市場）フェミニズム」と呼ぶ。あらゆる「ブーム」と同様にやがて飽きられる懸念もあるが、フェミニズムについての短絡的で曲解されたイメージを払拭し、人権の問題として広く討議する機会を与えた貢献は大きい。今後も注視して行きたいと考える。

（2018年4月16日）

男性の育休取得　「取れても取るな」改善を

「男性の育児休業」が話題である。先日、スポーツ用品大手アシックスの男性社員が、いわゆる「パタハラ（父親への嫌がらせを意味するパタニティハラスメントの略）」を受けたとして同社を提訴した。

男性側は、育休明けにこれまでの人事部から倉庫の荷下ろしなどの業務に配置転換を命じられたことは、他の男性社員をけん制するための「見せしめ」とも認識しているという。ネット上では賛同する意見が多々上がる一方、男性が育休を2回取得したことに対し、「企業や同僚への負担を配慮すべきだ」「少々常識外れでは」など男性側に疑問を呈する声も出た。

私見では、これは日本の職場における「制度と実態の乖離《かいり》」の典型例だ。国連児童基金（ユニセフ）の報告によると、給付金などの支給制度を持つ育休期間の長さで日本は男性で1位だが、実質的には取得が困難で「絵に描いた餅」だからだ。

厚生労働省の「2018年度雇用均等基本調査（速報版）」でみた男性の育休取得率は6・16％。女性（82・2％）に比べ圧倒的に低い。15年度の同調査によると、男性の育休取得日数は「5日未満」が6割近くを占め、「1カ月未満」が8割超と極めて短い。

背景には男女の賃金格差問題も横たわっている。育休中は原則給与は支払われないが、雇用保険加入者は育休開始から6か月間は休業前賃金の最大67%、その後最長2歳まで50%を受給できる。だが男性の平均給与水準が女性より圧倒的に高い日本では、男性の育休取得が家計に与えるダメージは大きい。さらにパタハラの恐れまであっては、この国で男性の育休は、実質的に「取れても取るな」ではあるまいか。

2019年6月には自民党の議員連盟が男性の育休取得の義務化をめざす提言を安倍総理に提出。たとえ男性社員から申請がなくても、企業側が育休を取らせる制度の創設が眼目である。大枠では推進すべきだと考えるが、上述の理由から導入には様々な調整が必要となろう。

先日、「夫が育休を取得した妻」たちの話を聞く機会があった。「妻と交代で夫が育休に入ったが、子供の世話をせずゴロゴロしてばかり」「夫と子供2人分の世話がかえって大変」などの悩みもでた。これもまた制度と実態の乖離問題であろうか。それでもダイバーシティ推進に向け、期待せずにはいられない。

（2019年7月8日）

同性愛差別発言に思う

東京都足立区議会で、自民党の白石正輝議員が少子化問題について「同性愛者ばかりになったら次世代が生まれない」と発言し「普通の結婚」の大切さを教えるべきだと強調した。

周知のように日本の「超」少子化は進行の一途をたどっている。2019年の人口動態統計によれば、出生数は過去最少の86万5千人で、合計特殊出生率は前年比0・06ポイント減の1・36となった。

ただこれは「日本社会の性の多様化」が進んだ結果とは言いがたい。同性パートナーシップを認める地方自治体は増えつつあるが、依然少数派。そもそも、人の性的指向性は制度に従って急に変更され得るものだろうか。

さらに、日本の旧来の「普通の結婚」規範は根強い。婚外子出生率は約2%で、多くは法律婚を経て1年程度で第1子を出産するなど、「法律婚・同居・出産」は三位一体。「普通の結婚の大切さ」は依然多くの人が意識しており、それゆえ現状との齟齬《そご》を来している点こそ問題視すべきだ。

北欧やフランスでは、婚外子出生率が半数かそれ以上を占める。女性の平均初婚年齢が平均出産年齢より高くなるなど「法律婚・同居・出産」のタイミングも多様だ。国民が柔軟にパートナーシップや出産を選択できる国ほど出生率は回復している。皮肉にも日本の一部保守系政治家が頑迷に保持する旧来の「普通の結婚」志向と、日本の少子化問題は同根とすらいえる。

性の問題は、次世代の再生産という意味でも、個人の人生に大きな意味を与えるという意味でも、生の問題に直結する。性の多様性は、人間の生と生活の多様性の問題でもある。

人の性的指向性と、生殖能力と、子供を産み育てたい意思は本来別問題だ。異性愛者で性自認が生物学的性と一致している人でも、旧来の規範的な家族形成や出産を願うとは限らず、ましてや強要されるべきではない。それゆえ、同性愛者を含むＬＧＢＴの問題は、多数派の異性愛者対性的少数者の二項対立で単純に捉えられるべきではない。

ＬＧＢＴの権利を認めることは「一部の特殊な人たち」の「極端な主張」を認めることではなく、社会のすべての成員に家族やパートナーシップの多様性を認めることと地続きだ。それは、私たちの誰もが「自分なりの／かけがえのない普通の幸福」を目指す権利に他ならないのだから。

（２０２０年10月19日）

ネットCM炎上の背景　性表現受け止めに乖離

このところ、家族やジェンダー表現に関し、ネットCMが賛否両論を巻き起こす、いわゆる「炎上」が話題となっている。

2016年末、ユニ・チャームは乳幼児用おむつのCMで、育児に孤軍奮闘する女性を当然視するような姿を描き「ワンオペ育児賛美」と批判を浴びた。2017年7月にはタレントの壇蜜を起用した宮城県の観光PR動画が、性的な含意が過剰だとして炎上。最近は牛乳石鹸が父の日に合わせ公開した動画が、男性が抱える焦燥感を表現しようとしたものの「意味不明」と批判された。

多くの視聴者が見ることを前提に作られるテレビCMに対し、ネットCMはより多くの耳目を引きつけようと表現が過激になりやすい。家族や性に関する表現について、製作現場と視聴者、さらには視聴者の間でも「正しさ」と「望ましさ」をめぐる乖離が偏在していることも相次ぐ炎上の背景にある。

単なる差異としての性差に問題はないが、それが所得や社会的地位などの不平等の源泉になる場合や、役割規範の強制に結びつく場合は人権問題になりうる。他方、家族やジェンダーはあまりに身近で客観的に見ることが難しい。たとえ自覚的な人が問題を指摘しても、無自覚な人はその声を敵視し、建設的な議論になり得ないことは多い。

ＣＭは商品そのものの使用価値だけではなく、社会的な意味や価値を再生産するという意味で、社会的影響力が大きい。このため国際的にも、ジェンダー表現はより公平性を求める方向へ向かっている。英広告基準協議会（ＡＳＡ）２０１７年7月、性別に基づくステレオタイプ（固定概念）を助長するような広告表現を禁止すると発表した。

これは男女問わず人を性的対象へと歪曲《わいきょく》化するような表現、固定化された性役割の表現などが相当する。例えば男性が家事や育児を失敗して当然のように描くことなども規制対象となる。

先述の牛乳石鹼の動画で描かれた既婚男性は、ゴミ出しを日課とし、子どもの誕生日にケーキを買って帰るよう妻に頼まれる「いいお父さん」だが、うつろな目をして日常を送る。性役割の変化の中で自らの父親のようにはなれない自分に戸惑う姿に、男性も自らの「男性性」に自覚的になり始めたのかと考えた。もっとも「ワンオペ育児妻」たちには、戸惑っている時間すらないのだが。

（２０１７年9月4日）

「週刊SPA!」騒動を読み解く

「週刊SPA!」(扶桑社)が、2018年12月25日号で女子大などを性的にランク付けした記事を掲載し、大学生グループや名指しされた大学が抗議した件は、世間の耳目を引いた。同誌は当初、(私見では)ごく型通りの謝罪コメントを発表。だが、抗議署名運動の広がりや海外メディアでの批判などで社会的事件に。

事の重さに鑑み、同誌は2019年1月半ばに、抗議運動主催者の女性たちを招き、討議の場を設定。その模様を1月29日号の誌面で公開した。これによると同誌は「長年、男性の欲求を満たすことを一つのテーマとしてきた」。それゆえ、「我々は女性のことが好き」で結果的に「『女性をモノのように見る』視線」へと至ったと謝罪した。

これに対し、女性たちは、性的合意を軽視する日本社会の問題点と、性犯罪にもつながりかねない点を指摘した。一大学教員としても、未成年者も含む学生を、性犯罪の被害に遭わせかねない記事を掲載した同誌の浅慮は、甚だ遺憾である。

性的対象として、自身より低い地位に貶《おとし》め得る相手を好む視線は、女性を「人として」ではなく「モノとして」扱う姿勢につながる。この差別志向を許容してきたのは、同誌のような言説を、「まともに受け止めるな」といった「問題の矮小化《わいしょうか》」傾向であろう。

今回の件でも、インターネット上では、抗議に賛同する声が多く見られた一方で、「大衆雑誌の風俗特集ぐらいで、目くじらを立てなくても」などの意見も飛び交った。なぜ、女性がいわれのない差別に抗議すると、「その程度で」といった反応があるのか。

職場のセクハラ問題も含め、女性差別は、多くが「ネタ」「お遊び」などの範疇《はんちゅう》に投げ込まれ、まともに憤りを表明することは、ときに「野暮」とさえ、扱われがちだった。この風潮は、当の女性たち自身の視界をも曇らせ、問題を問題視する視座を奪ってきた。

それがようやく、昨今の#ＭｅＴｏｏ運動などにより、表明の糸口を得た、ともいえる。国際労働機関（ＩＬＯ）は昨年の総会でセクハラや暴力を防ぐ条約制定の方針を決定。国内法への影響も含め行方は要注目である。いわれなき差別や侮蔑に対し、反論し抗議する。この人として当たり前の姿勢が、当たり前に受け入れられる社会へと変わることを、心より望む。


（２０１９年２月４日）

女性議員めぐる容姿偏向報道

2019年9月に発足した第4次安倍再改造内閣で、政務官に抜てきされた今井絵理子参院議員をめぐる一部報道には嘆息させられた。たとえば今井議員が台風15号で被害にあった地域を視察した際の様子を報道したネットジャーナルの記事では、短時間・形ばかりの視察ではないかと報じた。むろんこの点は批判されてしかるべきだが、問題は「金髪に近い茶髪」「化粧はバッチリ」「ギャル」等、容姿に関する揶揄《やゆ》的な記述が視察行動の内実を大幅に上回っていた点だ。

これまでメディアとジェンダー研究の立場からは活字メディア、とりわけニュース報道で女性を記述する手法が男性のそれとは異なっている点が指摘されてきた。社会学者の田中和子氏は①報道対象者が男性である場合、職業名に男性であることが明示されることはまれだが、女性は「女性社員、女性教師、女子大学生」等くどいまでに冠語として使用される②「女性は美醜、男性は業績」が強調される――といった点を指摘する。*

さすがに新聞でこの傾向は減少傾向にあるが、読者の「感情」に訴える要素の強い週刊誌などでは、今なお「女性ばかりが容姿をことさらに強調される」ことは珍しくない。とりわけ旧来女性が少なかった分野に就く女性に対して使用される傾向が強く、この国の「女性活躍」の困難を思う。

政治家が女性の場合は「美人市長」「美人議員」等の語が冠されたり、服装や髪形など容貌の特徴が盛んに記述される傾向が強い。犯罪の容疑者も、男性ならことさら容貌は記述されないが、女性は連行される際の服装や勾留されて化粧が薄くなった様子など、外見を書き立てられる傾向がある。背景には「読者は報道対象者が女性なら、その業績や行動よりも容姿に興味を引かれるはず」との、メディアの無意識な「男目線」がある。これは「ルッキズム（容姿による差別）」にも通じる問題である。

何よりこのような報道姿勢は「結局のところ女性は業績よりも容姿が重要」とのメッセージを社会に打ち出すことに寄与してしまう点が問題だ。ただでさえ女性議員割合の低い日本で、メディアがこの旧弊を払拭できなければ、「政治のダイバーシティ」など絵に描いた餅ではないのか。議員の性別による容姿偏向報道を脱し、政策志向や政治的態度の詳解記事が当然視される社会を、心より望む。

（2019年10月14日）

＊田中和子「新聞にみる構造化された性差別表現」『新編　日本のフェミニズム7　表現とメディア』岩波書店、［1984］2009年、73－88頁

「卒婚」や死後離婚……中高年に異変

近年、中高年の結婚のあり方に静かな異変が起きている。気になる事例その1は、「卒婚」への注目の高まり。仕事や子育てが一段落した夫婦が、ともに夫や妻といった役割から解放され、独立した自由な生き方を尊重し合うため、結婚を「卒業」するというものだ。別居する場合も、同居のままの場合もあるという。

ポイントは離婚とは異なり、家族関係を解消するのではなく、個人として自由な生活スタイルを優先させるため「結婚」というパッケージから自由になろうとする点だ。評論家の杉山由美子氏が2004年に『卒婚のススメ』を書き先鞭《せんべん》をつけたが、注目されるようになったのはここ数年のことである。提案はほとんどが妻からであり、夫の定年退職を機にしたケースが多いという。

2つめは「死後離婚」の増加だ。この造語は、正式には配偶者の死後「姻族関係終了届」を提出することで、配偶者の親族との法的関係を断つことを指す。15年度は2800件近い申請があり、過去10年で1・5倍に増加した。こちらも圧倒的に女性からの申請だ。

法的には、夫の親族は「姻族」であり、夫の死後も関係が続く。姻族に対しては、特別な事情がない限り扶養義務は生じないが、慣習により姻族の介護を求められることを懸念するケースや、確執のある義母や生前不仲だった夫と同じ墓に入りたくないなどのケースが多いという。手続きに姻族の承認は不要で、通知されることもない。また、離婚と異なり配偶者の遺産の相続権や遺族年金の受給には問題がない。「配偶者の親族との縁切り」を眼目とした制度ともいえる。

これらの現象の背景にあるのは、法律に基づく家族関係と、慣習としての家族役割、現実の人間関係や「個人としての幸福」との乖離だ。80年代以降「家族の個人化」が言われ、旧来の家族役割より個人の志向性を重視する傾向も指摘されてきたが、他方で古い家制度に基づく家族の役割への期待は今なお重い。とりわけ団塊世代より下の女性たちは家制度から自由な結婚像を模索してきたにもかかわらず、結局は「嫁による義父母の介護」を当然視されてしまう結婚のあり方に、疑問や負担感を覚える人も多い。静かな「異変」は、これまで女性に一方的に忍耐を強いることで済まされてきた問題が、すでに限界に達していることの証左ともいえよう。

（２０１７年８月７日）

「フェミニズム」の新局面　矛盾の中で平等求める

大学でのジェンダー論の講義の際、女子学生から「先生は、男になりたいからこういう研究をしているんですか？」と質問されたことがある。悪意のない笑顔で言われ言葉を失いかけたが、「フェミニスト」とはそういうものと考えている人は案外多いのかもしれない。性差を完全に消去したがり、男嫌いで恋愛や結婚を糾弾する潔癖な求道者。そんなふうに捉えられているのだろうか。

この疑問に応えるように、今年はひと味違ったフェミニズム本が続けて翻訳された。ロクサーヌ・ゲイ著の『バッド・フェミニスト』と、チママンダ・ンゴズィ・アディーチェ著の『男も女もみんなフェミニストでなきゃ』である。両書に共通するのは、著者が優等生の「フェミニスト」ではないどころか、かつては自分とはかけ離れた思想だと考えていたこと。2人とも黒人女性で、白人女性主導のフェミニズムとは異なる感性を持つことだ。

ゲイは、自分は「バッド・フェミニスト」だと言う。ピンクが好きで、女性蔑視的な歌詞の歌に合わせて踊ってしまうこともある、と。アディーチェは、ハーレクインの恋愛小説が好きで「男性のためではなくて自分のためにリップグロスを塗ってハイヒールを履く、ハッピーなアフリカ的フェミニスト」と自称する。

これらが示すのは、「フェミニスト」という言葉が負わされてきた重荷だ。女優のエマ・ワトソンが、胸を半分見せた写真をファッション誌に掲載したところ、「えせフェミニスト」と批判された。「セクシーなファッション＝男性への媚び」との見方が根強いことの証左といえる。

女性の「美」は、男性のためのものなのだろうか？　そんな古めかしい考え方こそ、捨て去るべきだ。1980年代以降の第三波フェミニズムは、人々の美意識や望ましさを多角的に検討し、多様なジャンルに浸透した。シンガーソングライターのビヨンセは自身の曲でアディーチェのスピーチを引用し、「私たちはFlawless（完璧）なの！」と高らかに歌った。

一方、ゲイは言う。フェミニズムが完璧ではないのは、人間が完璧ではないことに根ざしている、と。欠点や矛盾だらけの中で、それでも男女が平等な機会を与えられることを求める。その主張は、フェミニズムが純粋な理念にとどまらない、生命力あふれる運動体であることを示している。

（2017年7月10日）

「どの肌の色も美しい」世界に

黒人差別撤廃への運動が広がる中、化粧品会社は「美白」をうたうことを撤回し始めている。英蘭ユニリーバは「ホワイト」「ホワイトニング」といった名称を廃止し、インドをはじめアジアで展開している「フェア（色白）&ラブリー」のブランド名も今後刷新するという。

仏ロレアルもスキンケア製品から「白」「色白」「明るい」といった文言を外すと発表。米ジョンソン・エンド・ジョンソンもアジアと中東で展開してきたホワイトニングクリームの販売を中止すると述べた。

「美白」は、皮膚の色に基づく人種差別を助長するのだろうか。非西欧人女性の白肌志向は、白人的な身体への模倣欲求の現れと指摘されることもある。日本でもファッション誌には今なお白人モデルが多く起用されるなどし、根強い憧れがあるとも指摘できる。

皮膚の色と表現をめぐっては、近年「ホワイトウォッシング」も問題視されている。映画などで有色人種設定の登場人物を白人俳優に演じさせるというものだが、白人中心主義的な世界観を助長させるなどと批判されている。２０１９年は「カップヌードル」のアニメーションCMで、大坂なおみ選手の肌色の描かれ方がホワイトウォッシングではないかと批判され、日清食品は謝罪した。

もっとも日本の場合、白肌志向の歴史は古い。たとえば江戸時代の美容指南書『都風俗化粧伝《みやこふうぞくけわいでん》』には美人の条件として「色の白きを第一とす」と、美白法が何通りも掲載されている。背景には町人文化隆盛とともに白粉《おしろい》の消費量が増加したことや、白肌は屋外で重労働に従事する必要がない「特権層」の象徴であったことがあげられる。

旧来の美意識は、グローバル化により刷新されるべきなのか。たしかに白肌を美とする価値観は「それ以外」の肌色をおとしめる恐れがある。他方で、個人の好みとしての美白志向を持つこと自体は批判されるべきではなく、日焼けによる肌トラブルを避ける意図なども尊重されるべきだ。

ただ、今の世界では、皮膚の美の中心を白さに置くことから波及するさまざまな問題に関し、無関心ではいられないことに留意する必要がある。個人的には「どの肌の色も美しい」が、あらゆる政治的問題から自由になり、それぞれの美として当然視されることを願ってやまない。

（2020年7月6日）

非常時も多様性の尊重を

東日本大震災から、今日で8年。あえて災害時における性被害の問題について問い直したい。近年日本は、熊本地震や北海道地震、西日本豪雨による土砂災害など大規模な自然災害に遭遇。そうした「非常時」には、平時配慮が必要とされることがらも、とかく後回しにされがちだからだ。

熊本地震の後、熊本市は「避難所・避難先では、困っている女性を狙った、性被害・性暴力などが増加します」との啓発チラシを配布。そこには熊本地震のみならず、1995年の阪神大震災での、被害の事例が綴《つづ》られていた。

「避難所で、夜になると男の人が毛布の中に入ってくる」「更衣室を段ボールで作ったところ上からのぞかれた」といったもの。だが、「皆、大変なのだから少しのことは我慢すべきだ」などと取り合ってもらえない場合も多いという。

このような問題に対し、内閣府は2013年に「男女共同参画の視点からの防災・復興の取組指針」を作成。避難所の開設においては、「異性の目線が気にならない物干し場」をはじめ、物理的な環境整備のチェックシートを設けた。「女性用品（生理用品、下着等）の女性の担当者による配布」など具体的な項目が並ぶ。東京都も18年に女性の視点を盛り込んだ防災ブック「東京くらし防災」を配布。それぞれの地域特性に即した対応への目配りは、今後も極めて重要だ。

内閣府の指針では、避難所の運営管理について、「管理責任者への男女両方の配置」「自治的な運営組織の役員への女性の参画の確保」などを求めている。改めて、災害対策を巡る意思決定において、多様な視点は欠かせまい。この視点は、高齢者、障害者、妊産婦らへの適切な配慮にも、大いに寄与するはずだ。

最近は心のケアを含め女性警官の活躍は災害現場に広がり、女性消防団員数は増加傾向にある。災害対策でもダイバーシティ（人材の多様性）が必要とされている。「女性の活躍」は、現在国の政策で経済戦略の位置づけが強調されがちだが、「誰もが暮らしやすい社会づくり」への視座が忘れられてはならない。

災害という「非日常」で起こる人間同士の問題は、日常生活に内包されていた課題がより先鋭化して現れやすい。「非常時だから」の一言で押し込めることのできない問題を防ぐうえでも、平時から「多様性の尊重」が必要と考える。

（2019年3月11日）

マイノリティ救済「独善的」と多数派から批判も

2019年の米アカデミー作品賞受賞作、ピーター・ファレリー監督『グリーンブック』の評価が賛否両論を呼び、ダイバーシティ推進の新たな課題を示した。

舞台は1962年のアメリカ。天才黒人ピアニストのドンと、ドライバーでイタリア系白人のトニーは、コンサートツアーのため黒人差別が横行していた南部に向かう。博士号をもち穏やかで知的なドンと粗暴で無教養なトニーは、当初衝突してばかりだ。

未視聴でネタバレがお嫌いな方は、以下ご注意を。ドンのような「教養ある黒人」は、南部で居場所がない。たとえば彼の演奏を聴きに来るのは白人ばかりなのに、彼自身は白人コミュニティーに入れない。かといって、黒人専用ホテルに宿泊させられ柄の悪い黒人たちに混じると浮いてしまう。さらに黒人というだけで、白人からの暴力にもさらされて……。ドンが「黒人にも白人にもなれない、私は一体何者なんだ!」と叫ぶシーンは、印象的だ。

一方、トニーは当初、素朴な黒人差別主義者だった。だがともに旅をするうちドンへの不当な仕打ちに怒りを覚え、彼を守るようになる。

やがて2人の間に友情が芽生えるのだが、批判は主にこの描き方が「ホワイトスプレイニング（白人が上から目線で非白人を説教すること）」という点だ。なるほどマイノリティである有色人種は自らに価値を見いだせず、「寛容な」白人に「受け入れてもらう」ことにより救われる、という筋書きは白人にとってご都合主義的といえる。

昨今、多様性の尊重や公正な社会が志向されつつあるが、その副産物として主流文化に属す人々による「独善的なマイノリティ救済」が問題化されつつあるということか。

なお「ホワイトスプレイニング」は「マンスプレイニング」から派生した言葉だ。男性が女性の意思決定権を軽視し「正しい女性のあり方」を説教することなどを意味する。構図的にも上述のドンを「女性」に置き換えてみれば、高学歴女性が直面しがちな性規範の二重基準と相似形を描く。

先ごろは、東大入学式にて上野千鶴子・東大名誉教授が祝辞で日本社会の女性差別的特性に触れ話題となった。批判には「女性は男性から選ばれてこそ幸せ」と決めつけるなど、まさにマンスプレイニング的なものも目立ち、くしくも問題の根深さの証左となった。

（2019年5月6日）

女性入試差別・LGBT支援批判、属性による排除、解消を

やり切れない思いで、東京医科大学の恣意的な女子合格者抑制の記事を読んだ。一般入試の1次試験で女子受験者の得点を一律に減点し、2次試験で男子に加点までしていたという。大学関係者は、女性医師は出産・育児などで離職する人が多いため、男性のほうが望ましい。いわば「必要悪」と語ったという。

もしそれが大学の総意であるなら、入学者受け入れの方針に明記すべきだ。同大学の方針を読むと「1．十分な基礎学力をもつ人」とあり、めまいを覚えた。新卒採用でも「試験の点数順では女子ばかりになるので男子にゲタを履かせる」など聞くが、公正第一の筆記試験でまでこの事態とは……。批判は免れまい。

同様に、属性による排除志向が批判を浴びた事例は、自民党の杉田水脈衆院議員の『新潮45』誌への寄稿「『LGBT』支援の度が過ぎる」である。筆者は最初、日本のLGBT支援政策は政府与党の議員が行き過ぎを批判するまでに手厚くなったのかと思い、近年の国の歳出予算より社会保障関係費を早速、確認。そのような傾向はなかった。

原文に当たったところ、杉田氏は新聞各紙のLGBT報道件数を調べたとして、「リベ

ラルなメディア」の報道への「違和感」を表明。しかし、新聞が社会的弱者について報道することは、社会の公器として当然の役割といえる。これを国会議員が批判するとは、言論封殺にも通じる姿勢と言わざるを得ない。

さらに杉田氏は、LGBT当事者は「子供を作らない、つまり『生産性』がない」ので、「そこに税金を投入することが果たしていいのか」と批判するが、こちらも大いに問題がある。出産能力の有無を人間の「生産性」と等価にみなすことは、LGBTのみならず、経済・社会・身体的理由などから子供を持たない選択をした国民をも侮蔑する姿勢だからだ。

冒頭の東京医科大学の問題に戻れば、女子学生排除の理由にされたという女性医師の高離職率は、本来職場環境の改善で解決すべき課題だ。人権上の問題はもちろん、「女性は離職率が高いため一律排除」といった「統計的差別」は経済社会にも悪影響を及ぼす。属性を理由に不当な扱いを強いれば、個々の能力を活かせず結果組織の利益にもマイナスに作用する。今こそ真剣に、この国の「マイノリティ(少数者)排除志向」を解消すべきである。

(2018年8月6日)

プリキュアが開く新しい社会像

昨今、ポップカルチャーのキーワードとして「ダイバーシティ（人材の多様性）」は欠かせなくなってきた。ファッション業界では、多様な人種やサイズのモデルを起用。さらには既存の性別に固定されない「ノンバイナリー・ジェンダー（第三の性）」をテーマにしたコレクションも目立つ。「男性服／婦人服」の垣根を廃し、より自由に個性を輝かせることが眼目だ。

2018年放映の女児に人気のアニメ「HUGっと！プリキュア」にも、この時代の機運を感じた。少女たちが正義のヒーロー（あえてヒロインとは言うまい）「プリキュア」に変身し、悪の組織と闘う物語だが、ついに男子のプリキュアが登場し話題となった。「若宮アンリ」という、フィギュアスケーターの少年である。

彼は普段から制服のネクタイを蝶《ちょう》結びにアレンジし、「女の子だってヒーローになれる」と銘打ったファッションショーの舞台には純白のドレスを着て参加。男らしくないと批判されれば、「僕は自分のしたい格好をする。自分の心に制約をかける。それこそ時間、人生の無駄」と言い放つなど、旧来のジェンダー規範への挑戦に満ちたキャラクターである。

一方、プリキュアたちの敵、クライアス社の方針は「時間を止め、人々の未来を奪う」こと。まるで短期的な成果のため持続可能性を犠牲にしてきた旧来の企業像を映すようだ。社員は戦闘の際、怪物を発注。成果を上げずに負けて帰社すればデスクがなくなるなど「ブラック企業のようだ」と言われてきた。

これに対しプリキュアは、未来から来た赤ん坊を守り育てるために闘う。なるほど、子供たちにとっての最大の敵は、成果第一で「働く大人」目線に偏った社会のあり方そのものだろう。ワークライフバランスの実現が困難な働き方は、少子化の一因でもある。

とはいえ社会を立て直す責務を子供たちだけに負わせるのはどうだろう……。と思いながら見ていたら、何とクライアス社の社員たち（団塊世代やバブル世代を暗喩）は、プリキュアとの交流を通じ明日への希望を取り戻し、次々と仲間になっていくではないか。

性差や世代を超え、さらには人工知能（ＡＩ）との協業や友情まで育む同作は、ダイバーシティ達成の視座に富む。これを見て育った子供たちが社会に出るときには、この夢がかなえられていてほしい。

（２０１９年１月７日）

振り返り

人生いろいろ、フェミニストもいろいろ

メディアで望まれる「テンプレ」なフェミニスト⁉

以前、某トークバラエティ番組に呼んでいただいたときのことだ。ジェンダー論系のテーマを扱う内容で、MCを挟んで私たちの側に評論家や研究者、向かいにタレントの方々が座っていた。

話題が男女の意識の差に関するものになって、私に話が振られたとき、とても驚いた。私の向かい側の席に座っている男性お笑い芸人数名が、みな私に対して「怒り顔」に表情モードをチェンジしたからである。根が小心者でビビりな私は、内心「え⁉　何これ、いぢめる？　いぢめる（ガクガクブルブル……）？」的な感じだったのだが、まあ仕事なので普通に解説はした。

そのとき、気がついたことがある。

男性お笑い芸人にとって、「フェミニスト」の役割で女性の立場や意見を解説する女性研究者というのは、少々強い表現をすれば役割的に彼らの「仮想敵」なのである。

テレビ番組、とりわけバラエティは視聴者の感情に寄り添うことが眼目であり、お笑い芸人のような「生活者実感から専門家と視聴者を感情的に橋渡しする」役割を担う人は、とりあえず庶民（男性の場合男性一般）の実感を表明することが求められる。

そしてこの場合男性お笑い芸人が求められるのは、おそらくテンプレ的な「男社会に物申す！」的なフェミニストとの対決である。このバトルを視聴者は期待しているはずなので、とりあえず「怒り顔」はその準備であったのだ。

結論から言うと、私があまりに小物で態度もゆるくて、ついでに何でもかんでも「男が悪い」的な結論にすればとりあえず済むような言葉のプロレス風議論も展開しなかったので（だって不毛だし）、結局お笑い芸人のみなさまと激しい討議になることもなく、ということはテレビ局的にもあまり美味しくなくて、ご期待に添えず申し訳ない感じになってしまった。

特権集団の「平穏の権利」問題

あるときやはり男女のすれ違い的な内容の番組で、女性の立場や気持ちを解説していると、共演したある男性お笑い芸人さんが（ずっとこの話題中やはり怒り顔をしながら)、ぽつんとこんなことを言った。

「僕ら、こういう話をされると、なんだか〝責められている〟気がするんですよ」

それを聞き、私は教育学者のダイアン・J・グッドマンの指摘を思い出した。[*1]

社会の中で、相対的に優位性をもつ「特権集団」に属す人たち(これは女性に対する男性だけではなく、有色人種に対する白人、障害者に対する健常者、性的少数者に対する異性愛者などについての包括的な言及である)は、なぜ自身が優位な立場にいることを指摘されるだけで「責められている」と感じてしまうのかについての解説である。

「特権集団に属す人たちは、自分たちが優位アイデンティティを持ち、それによって特権を得ていること、一方で劣位集団が抑圧を受けていること、そして自分たちがそうした優位アイデンティティを維持強化していることをほとんど自覚していない」。なぜなら、「自分たちが社会の基準になっていて、それゆえ自身の社会的アイデンティティについて考える必要がないから」だ。これは、たとえるなら魚が水の中にいるとき、水の中にいることが当たり前すぎて水について考える必要がないのと同じようなものである。

それゆえ、特権集団に属す人たちは、普段は無自覚でいられる特権を享受しているが、自分たちの普通の生活態度や認識が、無意識のうちに他者を抑圧していることについて無意識的ないしは意識的に向き合うことを避けるし、それが許されている。

たとえば、白人にとって人種差別とは「個人レベルでの偏見や差別行為、あるいは例外的に起こる極端な行為と考えがち」だが、黒人にとっては「日常的に起こる侮辱行為であり、自分たちに不利にはたらく制度化された慣習や政策」である。さらに、特権集団に属す人たちは、抑圧の存在や、ましてやそれに自分が加担していることを認めること(=罪悪感を覚えるよう促されること)に不快感を覚える。

そもそも、特権集団に属しているということは、そのような不快感や罪悪感を覚えずに済むということであり、このような権利を「平穏の権利」という。特権集団に属す人びとは、自分たちが抑圧している側の人間であることについてまともに向き合わなくてもいいし、気づいても「黙っている」という選択肢も与えられている。

それゆえ、社会の不公正について抑圧された側の人からの批判を聞かされることは、特権集団に属す人びとにとっては「平穏の権利」を侵害されることであり、たとえその構造的な問題を理解できたとしても、感情的には罪悪感を抱くよりもまず自らの平穏を脅かされたことに対する不快感を覚えてしまうのである、と。

そして最大の問題は、この「感情」が多くの場合、社会的公正を達成する上で極めて大きな障壁となってしまうという点だ。いかに客観的なファクトを積み上げて説明しても、特権集団に属す人びとが感情的にも納得できるようにならなければ、解決は難しいのである。

なるほど……、男性はこんな風にきれいにグッドマンの理論通りの感情を抱くものなんだなあ……と感心していたら、テレビだというのに間が空いてしまい、これも申し訳ないことになってしまった。

「ツイフェミ」問題を考える

つくづく、ジェンダー不平等についての問題について、男性からこのように感情的な反発を覚えられてしまうことは、根深い問題である。しかも多くの人たちは、ジェンダーの問題を社会構造よりも日常的な感情でとらえてしまっている。その影響力については、学生のレポートからもしばしば看取される。

とりわけ近年は、SNSの影響力の大きさを反映してか、私のジェンダー論の授業の受講生たちが提出したレポートやリアクションペーパーに、「フェミニストというのは『ツイフェミ』のような人たちだと誤解していました」との文言が多いことに驚かされた。

ツイフェミとは、「ツイッター・フェミニズム」ないしは「ツイッター・フェミニスト」の略語で、文字通りツイッターでフェミニズム的な発言をする人たちにつけられたネット・スラングである。

あまりに書いてくる学生が多いので、気になって調べたら、そこはミソジニー（女性嫌悪）、ミサンドリー（男性嫌悪）、ポリコレ言説とさらにそれに即応したポリコレ批判、さらにはフェミニストを称しながらその実フェミニズム批判など、ネガティブな感情をジェンダー的話題に乗せて無理矢理悪魔合体させたような、言説の大魔界村であった。恐くて一瞬「そっ閉じ」した、が……いや目をそらしてはいかんと思って読んでみた。

いやいや、フェミニストは自分が嫌いなものをジェンダー論変換して手当たり次第に叩く人たちのことではないよ。

いやいや、フェミニストは「男は収入で決まる」とか言わないよ？　むしろそういう「男は／女は」という決めつけを脱して、個人の個性や適性を尊重しようというのがフェミニズムなのでは……。

いやいや、フェミニストってオタクを批判している訳じゃないよ。っていうか、蛇足ながら私はゲームのやりすぎで座りすぎで腰を痛めた揚げ句指の神経痛にもなって『パワプロ』を現役引退せざるを得なくなったほどのゲーオタだよ（現在リハビリ中で真剣に現役復帰を目指しているが）。というか、学術業界は「石を投げれば腐女子に当たる」ほどオタ女子だらけだよ。懇親会で腐女友を作ってあまりにも楽しく腐女友話で盛り上がりすぎて、気づいたら周囲の男性研究者全般がみな避けて通るような亜空間を生み出しているほどだよ……。

等等の感慨を覚えつつ、端的に言ってツッコミどころばかりの言説を読みながら、ふと考えた。

ツイフェミと対置されるのは、おそらくアンチフェミではない。なぜなら双方ともにフェミニズムの目指すものとは違う明後日な方角に向けて、手当たり次第に爆撃をしかけているように見えるからだ。主体も、敵も、味方もごちゃまぜの言説という印象である。だが、多くの人たちの感情を惹きつけることは事実であるし、それゆえくだらない議論と一蹴してはならないようにも思った。

それにしても、平素周囲のジェンダー論系研究者たちのような「プロのフェミニスト」たちを見ていると、「男なのだから稼いできてしかるべき」などという思想をもった人を見たことはない。それなのに、なぜ私たちはネット上で男性憎悪を振りまく発話者と同一視されてしまうのか。

これはやはり、「フェミニスト」が世間一般から見ればまだまだ「異端者」で、多くの人たちの「他者」だからではないのか。しみじみ、風評被害とはこういうことだと思った。

ポップ・フェミニズムの潮流

ただ他方、ここ数年でポップカルチャーに表象されるフェミニズムの潮流が大きくなってきている。本章所収の「『フェミニスト』男性も名乗り」でも触れたように、アーティストのビヨンセや女優エマ・ワトソンらがフェミニストを自称するなど、研究者や活動家ではないポップなフェミニスト・アイコンも増え始めた。

ビヨンセは自らの楽曲「Flawless」に、ナイジェリアの作家チママンダ・ンゴズィ・アディーチェがトークイベントで行った「We Should All Be Feminists（日本語訳『男も女もみんなフェミニストでなきゃ』）」というスピーチの一部を取り入れた。[*2]アディーチェのこのトーク動画は話題となり、クリスチャン・ディオール初の女性マリア・グラツィア・キウリは、コレクションで「We Should All Be Feminists」を印刷したレタードTシャツを発表した。背景には、人種や性差別などの発言を繰り返すトランプ米大統領への批判がある。ハイファッション業界では、移民や女性の権利を印字したTシャツが作られる現象が見られた。

フェミニズムのイメージが「クール」になるにつれ、広告業界も「フェムバタイジング」を展開するようになった。これは、「フェミニズム」と「アドバタイジング（広告）」をつなげた造語である。

もともとは、2014年にアメリカのデジタルメディア会社シーノウズメディア（現・シーメディア）が命名したもので、「女性や女の子を力づけるような、女性の支持を集める人材やメッセージ、イメージを用いた広告」とされる。同社は15年にフエムバタイジング・アワードを創設し、既存の広告媒体で描かれる女性像を打破するようなCMに同賞を贈っている。また、世界3大広告賞の一つ、カンヌ・ライオンズは、15年より「グラスライオン」部門を新設した。これは、「性差別や偏見を打ち破る創作」を称えるものである。

2015年に受賞したのは、P&Gの生理用品「オールウェイズ（日本ではウィスパー）」の「ライクアガール」というCMだ。同作では、大人の女性、男性、少年にそれぞれ「女の子みたいに走って」「女の子みたいに投げて」「女の子みたいに戦って」と言うと、彼らはみな、恥ずかしそうな笑みを浮かべながらくねくね走ったり、投げても投げられなかったり、ちょっと手をばたつかせて戦う真似をしながら「いやーん」という感じでやめてしまったりする。

でも同じことを、現役の小さな女の子たちに頼んでみるとまったく違うのだ。彼女たちは全力で走り、投げ、戦う。「女の子らしいってどういうことだと思う？」と尋ねられ、少女の一人は「思いっきりやってみろってことでしょ！」と笑顔で答えるのだ。

逆説的に、生理が始まるようになるころから、少女たちが社会的な女性像にとらわれ、自分らしさを追求したり、全力を出したりすることに躊躇していく様が浮き彫りになったCMである。

ただ、このような社会的メッセージ性を帯びたCMもある一方で、「フェミニズムのCM利用」であるという批判もあがっている。新自由主義の浸透により、「強く」「美しく」「セクシー」な社会で活躍女性イメージを持ち上げることで、相対的に低い地位にある女性たちの立場が苦しくなっているなどの現実も指摘される。さらに、フェミニズムがトレンドになっているうちは持ち上げられても、「流行遅れ」になったらどうなるのかとの疑念もあがっている。

たとえば、このような現象を、作家・編集者のアンディ・ゼイスラーは「マーケット・プレイス（市場）フェミニズム」と呼び批判した。あらゆる「ブーム」と同様にやがて飽きられる可能性もあり、かつ「売り上げ」に貢献できなければ捨て去られる懸念もあるからだ。究極的には、「正しさ」よりもビジネス上の「損得」が先立つのが、最大の懸念材料といえる。

ただそれでも、あえて言えばこの潮流によって「フェミニズム」が「一般市民の生活から遊離した極端な／憎悪を孕む思想」としてよりも、多くの人が身近な問題について考える契機を提供する可能性には期待したい。

近年では、「女性らしく装うこと」や「旧来の性差別を内包したカルチャーも好きならば楽しむこと」などを、あえて公表するフェミニストも登場している。

上述したアディーチェはフェミニンなファッションが好きであることを隠さないし、作家のロクサーヌ・ゲイは、「ピンクが大好きで羽目を外すのも大好きで、ときには女性の扱いがひどいとよーくわかっている曲にあわせてノリノリで踊ってしまうこともある」と語っている。

ゲイは言う。正しいフェミニストでいることもできないし、フェミニズムがすべてを解決することはできないことも分かっている。でも、男女は平等な権利や賃金を支払われるべきだと考えるし、「あるフェミニストになりたくないという場合、それは彼女の権利ですが、それでもなお彼女の権利のために闘うのは私の責任」である。なぜなら、「フェミニズムは女性の選択を支持することにある」と信じているからだと。[*3]

#MeToo運動が明け開いたもの

SNS発のフェミニズムの潮流も盛んになった。典型的な事例は、何と言っても#MeToo運動だろう。「#（ハッシュタグ）」をつけてツイッター上で

「MeToo（私も）」性被害を受けたと告白することを眼目として、これまで表に出て来なかった性暴力被害が世界同時多発的に告発されることとなった。

もともとはアメリカの市民活動家タラナ・バークの性暴力被害者支援の運動用語であったが、2017年にニューヨーク・タイムズの記者ジョディ・カンターとミーガン・トゥーイーが、有名映画プロデューサーのハーヴェイ・ワインスタインが長年行ってきたセクシャルハラスメント（性的嫌がらせ、以下セクハラ）や性的暴行を告発する記事を発表した。

これを契機に、彼から被害を受けてきた女性たちが続々と被害を告発。女優・歌手のアリッサ・ミラノはSNSで「セクハラの被害を受けたことのある人は、このツイートに『MeToo』とリプライしてほしい」と呼びかけたところ1200万人もの女性たちが投稿するなど、ネット上の一大ムーブメントとなったのは記憶に新しい。この件を受け、ワインスタインは複数の役職を剝奪される結果となった。

2018年には、ノーベル文学賞選定機関として知られるスウェーデン・アカデミーの委員の一人、詩人カタリーナ・フロステンソンの夫でアカデミーからの資金提供で文化事業を行っていた写真家のジャンクロード・アルノーが、計18名の女性から性的暴行の件で訴えられた。スウェーデン・アカデミーではこの事件をめぐり複数の委員が辞職し、結局同年のノーベル文学賞は発表延期となってしまった。

法律学者ジョアン・C・ウィリアムズと歴史学者スザンヌ・レブゾックは、すでにアメリカ人の87％がセクハラをいっさい容認すべきではないと考えており、ワインスタインの事件などを受け男性の半数が女性をめぐる自らの言動を考え直すようになったと指摘している。さらに、男性もまた女性ほどではないがセクハラ被害に遭っており、それについても声を上げやすいようになってきている、と。

変化はここ数年極めて急速かつ広範囲に及ぶ。これらは「規範カスケード」つまり「社会的慣習の突然の変化をもたらす、一連の長期トレンド」を引き起こしている。それゆえ今後は道義的な問題はもとより、たとえ地位の高い男性であってもセクハラをはたらけば金融詐欺や海外腐敗行為防止法違反と同等に「退職金無しの解雇」処分に遭うだろう、と。[*4]

一方日本では、ジャーナリストの伊藤詩織さんが、2015年4月に山口敬之TBSワシントン支局長（当時）からレイプ被害を受け訴えたが、刑事事件としては不起訴になった。そこで2017年9月に民事訴訟を起こし2019年12月に伊藤さんの請求が認められ、その後の被告側による反訴も棄却されたことから、実質的に被害者の申し立てが社会的に認められたかたちとなった。

本件は、レイプ被害をめぐる日本の巨大な問題点をあらわにした。性犯罪被害は被害者の落ち度が問われやすく、本件も被害者は激しい誹謗中傷などの「セカンド・レイプ」にさらされた。伊藤さんはこの件で損害賠償を求める訴えを起こしている。

2018年4月には、テレビ朝日の女性記者が福田淳一・財務省事務次官（当時）取材の際セクハラを受け、いったんは上司に訴えたものの取り合ってもらえず『週刊新潮』にこの経緯をリーク。社会的な影響力の大きさから、同事務次官は辞職するという事件が起きた。同誌掲載記事によると、元事務次官は女性記者に対し「おっぱい触らせて」、「手縛っていい？」等、控えめに言っても品性が疑われるような発言を繰り返していたという。

前記の卑猥な言葉を元事務次官は「お店の女性と言葉遊びを楽しむようなことはある」と説明し、そしてそれはそれでツッコミどころしかない発言なのだが、私見では本当にゲームのように、このような発言が相手に与える影響が可視化されればいいのにと思う。

たとえば、ロールプレイングゲームの金字塔『ドラゴンクエスト』ならば、「気になる人とそうぐうした！」「あいてにひわいなじょうだんをあびせた！」「あいてがえがおでかわした！」というとき、背景で明滅する相手の好意パラメータは急速に下落し、「あいての好意は、マイナスひゃくまんにたっした！」「あいては、ぜったいにあなたのなかまになってはくれない！」「あいては、めいよきそんをうったえるじゅんびをはじめた！」「あいてのパーティにべんごしがあらわれた！」等の警告が発せられるはずだからだ。

いち「バッド・フェミニスト」として思うこと

さて＃MeToo運動から時間差で、このように日本でもようやく「社会的地位のある男性」から「性被害に遭った女性」が声を上げる事例が出始めた。だが、上述した伊藤さんの事例が示すようにこの問題は被害者に相当な苦痛を強いる。おそらくは、今なお多くの被害者たち（もちろん生物学的女性だけを指すのではない）が、社会的に失うものの大きさから、被害を訴え出られずにいることはたやすく推測できる。

そろそろこの問題に関して、被害者の落ち度を責めることはやめにしてはどうだろうか。なぜセクハラや性暴力の問題は、他の犯罪と異なりときに被害者の人権までたやすく侵害するような言説に結びつくのだろうか。本来あらゆる犯罪と同様、被害者は適切に保護され支援されるべき対象であって、貶められるべきではないというのに。

伊藤さんやテレビ朝日の女性記者に対しても、当時は「枕営業」「ハニートラップ」等の言葉で非難する声も上がったのは記憶に新しいが、そもそも「女性は仕事のために権力ある男性に性的サービスを提供しているはず」との発想が出てくる段階で、この社会は明らかに歪んでいると言わざるを得ない。

日経新聞（2018年5月1日付）調査では、職場でセクハラ被害に遭ったことのある女性は全体の4割強で、対処として圧倒的に多いのが「我慢した」であったことが明らかになった。さらに、相手が同じ社内の人間の場合「我慢した」は6割だが、社外の場合は7割となる。なぜ我慢したのかといえば、最大の理由は、「仕事に悪影響が出るから」で、相手が社内の場合は4割だが、社外は6割となる。

おそらく男性もそんな目に遭うことは大いに予期できるが、この国の社会的資源（社会的地位や所得など）は、今なお圧倒的に男性偏重だ。それゆえ女性は男性以上に発言権が弱く、このためハラスメントにより尊厳を傷つけられやすい可能性が示唆される。ハラスメントを放置する組織では、長期的には生産性が低下し結果的に利潤も低下する経過も指摘されているが、改善への歩みは遅い。

だからこそ今・ここでやるべきは、明るい兆しと、今なお残る壮絶なまでの課題を両方注視し続けることなのだろう。先述したロクサーヌ・ゲイではないが、私もここに細々とバッド・フェミニストを名乗ろうと思う。白状すると、女性キャラの露出度が高めのゲームも喜んでやりこんでいるし、女性蔑視カルチャーが内包されたロックやパンクの曲も楽しく聴いてしまっているので、とても優等生のハードコアな（？）フェミニストとは言いがたいと思う。

そしてもちろん、この本を読んでいるあなたが、フェミニストであってもフェミニストになりたくなくてもかまわない。あなたが男性でも、女性でも、Xジェンダーでもかまわない。ただ私は、すべての人がジェンダーによる不当な扱いを受けることのない社会になるようこれまでも微力ながら全力で闘ってきたし、これからもそのつもりである。頼りになるかどうかは、不明だけれども。

＊1　ダイアン・J・グッドマン著、出口真紀子監訳・田辺希久子訳『真のダイバーシティをめざして――特権に無自覚なマジョリティのための社会的公正教育』ぎょうせい、2017年、29-32頁

＊2　同講演は、邦訳され書籍化している。チママンダ・ンゴズィ・アディーチェ著、くぼたのぞみ訳『男も女もみんなフェミニストでなきゃ』河出書房新社、2017年

＊3　ロクサーヌ・ゲイ著、野中モモ訳『バッド・フェミニスト』亜紀書房、2017年、10-12頁

＊4　ジョアン・C・ウィリアムズ、スザンヌ・レブソック著、DIAMONDハーバード・ビジネスレビュー編集部訳『「#MeToo」運動を機にセクハラは終わるのか』ダイヤモンド社、2018年

第4章

日本の母に課される荷はなぜ重い？

高すぎる家事育児の要求水準

9歳の息子が、まだ乳児だったころ。大学講義から帰宅し、ベビーベッドを見ると、息子が肌着の紐《ひも》でぐるぐる巻きになり、クモの巣にかかった昆虫のようにじたばたしていた。驚いて夫に何事かと尋ねると、肌着の紐がうまく結べなかったとのこと。たしかに、お人形遊びもしたことがない男性が、和服式で紐だらけの肌着を着せるのは難しい。結局、子どもの肌着はカナダ式のスナップ留めタイプに替えた。当時私たちは2人とも非常勤講師で授業曜日を分け交代で子どもを見ていた。

速やかに育児を引き継ぐには、夫も私も使いやすい育児用品が必要だったが、次第にわが家の育児用品は、北欧など外国製品ばかりになってしまった。日本の育児用品は、母親が1人できめ細やかに担う育児には向くかもしれないが、残念ながらわが家にその余裕はない。育児を通して悟ったのは、「選べない選択肢は、選択肢ではない」ということ。共働き世帯が専業主婦世帯を427万世帯も上回り、[*]今後も増加が予期される現状に鑑みれば、旧来の育児製品を「選べない」世帯もまた増加が見込まれる。

一方、日本の女性に要求される育児や家事の水準は、今なお先進国で一番高く手間数も多い。学校や幼稚園など教育現場でも、母親がボランティアで細やかな対応を求められる傾向があり、半面父親不在である。日本の育児文化の特異性と異文化理解の難しさを実感したのは、息子が幼稚園のとき。同じクラスの米国人の母親が、保護者に課される講堂の掃除当番に憤慨していた。「なぜ月謝を払っているのに、清掃サービスをしなければならないのか」と言うのである。

昨今さかんに「ダイバーシティ」が叫ばれ、多様な人材が職場で協業することが目指され、達成のためにより高度なマネジメントが要請されている。これは「足し算」の発想だ。私はこの問題の裏面として、あえて「引き算」を提言したい。それは、高すぎる日本の家事育児要求水準を引き下げ、ダウンシフトすることだ。これは女性就労率や管理職割合を引き上げ、男性の地域や家庭進出を促し、外国人とも協業するために、必要な条件ではないのか。職場は「グローバルスタンダード」でも、家庭や教育現場は「ガラパゴス」では矛盾が生じる。女性偏重の職場と家庭の二重負担は社会のゆがみの象徴だ。今こそ解消すべきである。

(2017年3月20日)

*内閣府「男女共同参画白書」2015年統計より。「男性非農林業雇用者で妻が無業者の世帯」を「専業主婦のいる世帯」、「夫婦ともに非農林業雇用者」の世帯を「共働き世帯」としている。同2019年統計では、663万世帯共働き世帯が専業主婦のいる世帯を上回っている。

保守的な出産・育児論　非合理なら即ツッコミ

私の頭の中には、ツッコミ神が1人住んでいる。体長50センチメートルほどのキューピー人形のような姿をしており、事あるごとに背中の小さな羽根をはためかせラッパを吹き鳴らし、ツッコミを入れてくる。私の人生が暗夜行路なのは、このツッコミ神のせいもあるのではないかと思っている。出産・育児に関しても、この神はよくツッコミを入れてきた。

たとえば、出産後に病院で指導された「授乳期の食生活」について。「たばこ、アルコール、カフェインは禁止。控えるべきは、脂肪の多い乳製品、糖分や脂肪分の高い食品（揚げ物、肉料理、カレー、ラーメン、ピザ、菓子パン、洋食、中華料理等）香辛料全般」。すごい。広岡監督時代の西武ライオンズ選手並の節制推奨だ。そんなことを考えていたら、神が羽ばたき、「ぷるるるるっぷーー！」とラッパを吹いた。「カレーが駄目って、インド人の母親はどうするのー♪　洋食や中華って、欧米人や中国人の母親はどうするのー♪」と。私はうっかりその神託を口に出しそうになるのを必死に思いとどまった。

たしかに厳格な禁止事項も、相応の根拠があるものならばしかたない。だがそれ以外で気になるのは、出産・育児に関する言説が、ひどく自文化中心主義的に見える点だ。異文化理解が求められている昨今だが、この分野に関しては保守的な意見が目立つ。たとえば日本では、食生活は和食推奨。だが、たとえば欧米では「スシは食中毒の原因になるから駄目」などと、むしろ否定的だという。日本では、生魚より生ハムやステーキがそのように否定されがちだ。気になって海外の育児言説と比較検証してみたが、やはり日本の「母乳信仰」は根強く、母親の食事制限も厳しい傾向が見られた。

この母乳信仰が引き起こした事件としては、2015年7月に起こった「偽母乳」が記憶に新しい。ネット通販されていた業者の「母乳」は、脂肪や乳糖などの栄養分が一般的な母乳の半分程度しかない上、細菌類は最大で千倍も含まれていたという。もちろん、伝統の知恵には根拠も利点もあろう。ただそれが行き過ぎた非合理的結果をもたらす可能性については、正しくツッコミを入れ続けたいと考えている。

(2016年4月23日)

歌詞が「自己犠牲を美化」と炎上　なんとも苛烈な「理想の母」

絵本作家・のぶみ作詞、元NHKの子ども番組の歌のお兄さん・横山だいすけ歌の「あたし　おかあさんだから」の歌詞が、ネット上で炎上している。とりわけ当事者である母親たちからは反発され、ツイッター上には「あたし　おかあさんだけど」という反論があふれている。歌詞は「母になって我慢するようになったこと」が列挙される構成で、批判の内容は①母の過度の自己犠牲の当然視、②働く女性や子どもを産んでいない女性への無自覚な非難の2点に集約される。

作者は実際に母親たちの話を聴いて作ったと説明するが、反感を買ったのはなぜか。第一に「子どものためにすべてをささげて自己犠牲に励む母」対「自分のことだけ考えるキャリアウーマン」の二項対立図式が、独善的だからであろう。

歌詞が描く「おかあさん」はこうだ。母親になる前はヒールをはき、ネイルをして「立派に働けるって強がってた」。しかし今は、爪を切り、走ることができる服を着て、パートに行く。なぜなら、「あたし　おかあさんだから」。これでは、子どもを産まない女性やバリバリ働く女性は間違っていると読めてしまう。

第二に、母の自己犠牲の程度が極端で、俗世を離れ一切の我欲を捨てるべしという、修行僧か修験者のような子育てを推奨する点だ。歌の中で「おかあさん」は、好きなことも服を買うこともやめて、食事も趣味も子ども中心に変え、「それ全部より おかあさんになれてよかった」と締める。最後まで父親は不在だ。

私見では、母子の生活とは、他の家族や地域コミュニティなどからなる日常生活の一環だ。そしていつか、子どもは社会に出ていく。そのときまでには、親が子を一方的に守るだけではない、互いに独立した個人として尊重し合う人間関係を築く必要がある。だが「あなたのために、すべてあきらめて尽くしたのに……」という母では、健全な巣立ちも子どもの自立も困難になるのではあるまいか。

女性は「母」になると「個人」として生きることが困難になる。自由は誰もが保障された権利だが、極論すればこの国で「理想の母親」となることは、「人として当たり前の自由や権利の放棄」に結びつくほど苛烈だ。しかもそれは、「美しい」「正しい」母親像の称揚によって、女性たちに「自発的に」自由を捨て去ることを強いてきた。本件が示す問題の根は深い。

(2018年2月12日)

妻が松田優作化　静かになだめよ

子どもが乳児期の私は、健康で文化的で人間的な生活とは無縁であった。何しろ、私のような物書き兼非常勤講師には産休育休もないが、もちろん赤ん坊を放り出すこともできない。だから母になった当初、私には母性の女神よりも、「かなりテンパった松田優作」が降臨した。まず、初めての赤ん坊を育てるということは、刑事ドラマ「太陽にほえろ！」で優作扮するジーパン刑事の殉職時の名台詞「何じゃこりゃあッ！」の連続である。新生児のぐにゃぐにゃの身体に、大音量の泣き声に、そしてちょっとしたはずみで起こる大量の吐き戻しを手に、「何じゃこりゃあッ！」と叫び続ける日々……。

それから、時間がない。遺作「ブラック・レイン」では、優作演じるヤクザが「シマが欲しいんですよ、シマがあッ！」と叫んでいたが、私も叫んでいた。頻回授乳期、1日最低連続6時間は泣きぐずる子どもをあやしながら原稿を書きつつ、「ヒマが欲しいんですよ、ヒマがあッ！」と。さらに、優作は撮影時漫画を読んでいたスタッフに、こう怒ったそうである。「同じ空気吸ってねぇよ！」と。子どもに関して夫に対しブチ切れる妻には、「撮影時の松田優作」が降臨しているのだ。私もしばしばそんなときがあり、夫には申し訳なく思っている。読者諸兄には、何卒ご理解いただきたい。優作化した妻は、子どもという「作品」に夢中になるあまり、共同制作者の夫が同じ空気を吸っていないと爆発しがちなのだ。

統計調査でも、乳幼児を持つ妻は「自分は8時間以上家事・育児をやっている」と認識している人は72%いるが、一方夫でそう認識している人は47%。しかも、3割の夫は妻がやっている家事の内容を答えられない。この認識の格差が、長じて埋められない夫婦の溝となる前に、読者諸兄に覚えておいていただきたい。子育てに手がかかる時期、あるいは受験など子どもに評価が下される時期、妻にとって家庭は事件発生時の七曲署である。そんなとき貴兄はゴリさんになって一緒に吠えてはいけない。どうか山さんになって優作の肩をぽんとたたき、「ジーパン……少しは落ち着け」となだめる心づもりでいていただければ幸いである。

(2015年11月21日)

匿名ブログ「保育園落ちた」生み育て働く女性の嘆き

匿名ブログに書かれた「保育園落ちた日本死ね」が反響を呼んでいる。この文章は公式なものでなく、保育所不足に対しひたすら個人的な怒りを綴ったもの。だがそれゆえ多くの人たちの感情に訴えた。2016年2月29日には山尾志桜里民主党議員から安倍総理に本件に関し質問があり、総理は書き手が匿名であるため、「実際に本当におこっているのか、我々は確認のしようがない」、もちろん待機児童がいると認識しており、政府は保育所を増設していると答えた。

安倍総理の回答は、次の2点の問題が指摘できる。第一は、保育所不足を訴える声は政府の対応不足の証左だが、それに対し「いや対応している」と言い切るのは、結果的に国民の切実なニーズを事実上圧殺する意思を示してしまっている点だ。きっかけは匿名ブログでも、待機児童問題が深刻なのは各種統計調査に鑑みれば明らか。たとえば都内では2016年度で6区の入所倍率が2倍を超える。15年4月時点の待機児童数は約2万3千人だが、厚生労働省の調査では潜在的待機児童数は85万人に上る。この数値の背景には、多くの保護者、とりわけ女性たちが就業継続を断念するなどの選択を余儀なくされているという事実がある。安倍総理は国民の生活実態に即して正しく認識しているのだろうか。

第二は、ブログに書かれた「子供を産んで子育てして社会に出て働いて税金納めてやるって言ってるのに日本は何が不満なんだ?」が端的に示す。今この国で子どもを産み育て働こうという女性は、まさに安倍総理が掲げる「一億総活躍社会」の中軸を担う存在であるはずだ。「アベノミクス新・三本の矢」が目指す国内総生産(GDP)向上や人口規模維持のためには、待機児童問題の解消は焦眉の急のはずである。シカゴ大学の山口一男教授によれば、経済協力開発機構(OECD)諸国では1990年代以降女性の労働参加率が高まるほど出生率も高くなる。日本でも育休を取得できる女性は専業主婦と同程度かそれ以上に出生率が高い。育児に関する制度や施設の不足解消は、安倍政権の政策目標達成のためにも必須のはずだが、当人がその必要に対する認識が甘いとは、極めて残念な話である。

(2016年3月19日)

寡婦控除めぐる対立　何を示す？

かねて懸案の、ひとり親の所得税などが軽減される「寡婦（夫）控除」をめぐり、今年も与党内で対立がみられる。公明党は婚姻歴のない親も対象に加えるよう求めたが、自民党は「未婚のまま子どもを産むことを助長する」ため反対だと報じられた。

日本は法律婚を税制度の前提にしており、離別や死別した母親が受けられる「寡婦控除」が、法律婚を経ない「選択的未婚の母」には適用されない。[*1] 税制面で不利なのは所得税だけではない。住民税や国民健康保険料、保育料や公営住宅の家賃なども所得税に基づいて算出されるため、影響は広範囲に及ぶ。不公平是正のため、地方自治体は一定の条件を満たせば寡婦（夫）控除をみなし適用するといった策をとっているが、国の制度改善はなぜ進まないのか。背景にあるのは保守的な家族観だ。寡婦控除は1951年に創設された。戦争で夫を亡くした女性や子どもを支援する目的で作られ、男性は当時、適用外だった。寡夫控除が導入されたのは81年だが、寡婦に比べると適用条件が厳しい。厚生労働省の「平成28年度全国ひとり親世帯等調査」によれば母子世帯の平均年収は243万円。父子世帯は同420万円と多いものの、家事・育児との両立困難から他の男性と同水準の就業維持は難しいと指摘される。性別や婚姻経験の有無を問わず、同一条件の国民を同じ制度で支援する仕組みの整備が望まれる。

日本の出生数は90万人を割り込む見通しだ。[*2] 少子化対策として何一つ有効な政策手段を取ってこなかったことの証左といえる。出生率を回復させたスウェーデンは18年現在、女性の平均初婚年齢が33・9歳、第1子出産時の平均年齢は29・3歳だ。出生率が回復している先進国はいずれも、婚外子出生率が5割を超える。結婚と出産と同居開始のタイミングがカップルごとに自由に選択できる社会が背景にある。

一方で日本は今なお「法律婚・同居・出産」の三位一体型だ。女性は平均29・4歳で結婚し、30・7歳で第1子を出産する。婚外子出生率は2%台と極めて低い。「正しい」家族規範に入れず、結婚や出産を諦めている人が多数いるから「超」少子化なのではないか。「規範的家族像」と「現実的な国民のニーズ」のどちらを守るべきなのか。どうも政府与党は前者のように見え、残念でならない。

(2019年11月18日)

*1 2020年度の改正により、「寡婦控除」は「ひとり親控除」となり、離別死別と同様に未婚の親にも「生計を一つにする子どもがいる」「所得500万円以下」「事実上婚姻関係と同様の事情にある者がいない」等の条件を満たす場合は所得から35万円を差し引くとなった。

*2 厚生労働省「人口動態統計速報」(2021年2月公表)によれば、2020年1月から12月速報の累計では、出生数が87万2683人で過去最低となった。

育児参加は財産？　第2子・長寿の恩恵

第2詩集「Z境」が晩翠賞を受賞したとき、仙台文学館での贈賞式には、夫と1歳になる直前の息子と出席した。式には仙台在住の叔父夫婦も招待し、私が主催者と懇親会に出席している間、子どもは夫に預けた。夫は叔父たちに食事に誘われ、そのとき子どものオムツを替える夫を見て叔母は感心し、叔父に「あなたは子どもが小さいときには、何もしなかった」と非難。夫は大変気まずい思いをしたそうである。

家族のために仕事を頑張っているのだから、育児参加できなくても仕方ないという男性の言い分もあるだろうが、子どもが小さい時期の育児は、生き死にに関わる重労働だ。このとき、夫が「戦友」になり得たかどうかは、その後の妻の感情の記憶に大きく関わる。たとえば乳児期の子どもが泣き出したとき、家事に手一杯な妻に「おい、泣きやませろ」と文句を言うだけの夫や、子どもが問題を起こしたときに「おまえがついていながら何をしていたんだ」と怒るだけの夫は、妻の心中では家族のメンバーではなく、単なるクレーマーになっている。そのときの夫への不信感は妻の中で巨額の負債となるので、機会があるごとに叔母のように怒りが噴出するのだろう。

他方、夫が家族のメンバーとして子育ての責任を果たせば、それは負債どころか大きな財産となる。たとえば少子化に特効薬はないと言われるが、特筆すべき統計結果がある。それは、「夫の家事・育児参加」だ。「子どものいる夫婦の夫の休日の家事・育児時間別にみたこの10年間の第2子以降の出生の状況」統計によると、休日「家事・育児時間なし」の夫では10年後に第2子以降出生率は1割だが、「6時間以上」の夫では9割近くなる。*夫の家事育児参加は、妻の家庭生活満足度や夫への信頼感を跳ね上げるので、長じて離婚率を下げる効果も期待できる。50歳時点で離別経験のある男性の平均余命は婚姻継続している男性より約9年も短くなり、健康状態悪化や孤独死リスクも高くなる。このように男性の家事育児参加は、家族のみならず男性当人にも利益が大きく、少子化対策にも効果が高い。男性は仕事さえしていればよいとの社会通念は、いい加減見直すべきだろう。

（2016年1月23日）

＊ 厚生労働省「第14回21世紀成年者縦断調査（平成14年成年者）」2015年

共働き世帯向け病児保育　緊急事態に必要性を実感

その日は、本来余裕があるはずだった。大学講義は15時前に終わり、19時からトークショーに出演予定。子どもはバス送迎つきの民間学童に預けていて、さらにこういう風に遅くなる場合はいつも大学院生に家庭教師のアルバイトを頼み、子どもの勉強兼留守番を頼んでいた。子どもと院生の夕食のデリバリーも手配し、トークショー会場に行くのは開始30分前でよいから、3時間は大学に残って原稿を書く時間が確保できるはず。しめしめ……と思いふと見ると、携帯電話は子どもの小学校から着信の嵐。留守電を聞くと、子どもが急に高熱を出したので、至急迎えに来てほしいとのこと。その日夫は遠隔地で仕事で、緊急時にお願いできる人はほぼいない。一方、トークショーはすでに予約完売で、絶対に穴を開けるわけにもいかない。

慌てて院生に予定より1時間早く来てもらえないか頼むと、幸い彼女の都合はつけてもらえた。小学校に駆けつけると息子は保健室でぐったりしており、熱を測ったら38度8分。朝までは元気だったのに……。養護教諭は、学校で溶連菌感染者が出たところなので、病院で検査してほしいという。子どもを自宅に連れ帰り、院生の到着を待ち再び電車に飛び乗って、トークショーに出演した。その後息子は病院で検査したところ溶連菌は検出されず、ただの夏風邪。もっとも、最高で40度近い熱を出した上、風邪を引くとよく併発するものもらいを発症し、眼科にも行く羽目に。この過程であらゆる原稿の締め切りが雪崩のように崩壊し続けた一週間であった。

今回は留守番の院生に頼むことができたが、つくづく共働き世帯にとって病児保育は必須事項であると思う。もっとも現状では、キャンセル率の高さや稼働率の低さなどによる収益上の課題が大きいとの指摘もある。厚生労働省によると病児対応型・病後児対応型の施設の延べ利用児童数は、年間57万人。今後共働き世帯数増加が見込まれることから、一層のニーズの高まりも予期される。私の周囲でも、子どもの持病などにより離職する母親の話はよく耳にする。子どもの体質により就労継続が断念されるような事態は、母子双方にとって不幸なことに違いない。

(2016年7月23日)

イクメンは増えている？　意欲は高いが行動伴わず

イクメンが推奨される昨今だが、実際に育児に積極的に参加する男性は増えているのだろうか。総務省の社会生活基本調査（2011年）によれば、6歳未満の子どもを持つ夫の1日当たりの家事育児時間は平均1時間7分、うち育児時間は39分にすぎず、1日当たりの育児行動者率は共働き世帯の夫でも3割程度。近年では共働き世帯が専業主婦世帯を上回っているが、女性の家事育児責任の重さは変わらない。この現状は、「仕事も家事も育児も」と追い立てられる女性の負担増と、男性が（たとえ望んでも）育児参加への権利を剝奪されているという、二側面の問題が指摘される。昨今では、若年層ほど男性の育児参加への意欲は高いが、現実行動が伴わないからだ。

「仕事と家事・育児はどちらが大変か」という問いは、日本ではほぼ外で働く夫と、家事・育児に従事する妻とどちらの負担が大きいかの議論に収れんしてしまう。だが、問題はそれだけだろうか。たしかに家事総量を100とした場合、女性が85％以上を担うという現状には過去約20年間ほぼ変化がなく、一方家計責任は男性に偏重している。ただその「大変さ」の大きな違いは、仕事は成果が比較的見えやすく報酬も客観的に定められるのに対し、育児はそれが見えにくいという点だ。育児には、養育者が誠心誠意手間暇をかけたからといって、思い通りに子どもが育たないどころか、かえって過干渉が仇になるかもしれぬという恐ろしい側面がある。

人が良かれと思ってやったことが結果的に悲劇を生むとは、まるでギリシャ悲劇のようではないか。エディプス王の父ライオスは息子に殺されないようにと追い出したらその後殺されてしまったし、クリュタイムネストラも夫のアガメムノンにはもともと略奪されての結婚だった上、前夫との子どもを殺されて怒り爆発で夫を殺したら、今度は自分が次女エレクトラに殺されてしまった。人類史を貫く悲劇が育児の失敗譚《たん》であることは育児の業の深さを象徴している。だが逆説的に、それゆえ人の営みについて深い示唆を受けることが多いのも育児だ。女性ばかりにその責任と恩恵が偏重しているのは、男性の人生経験の機会損失に思えてならない。

(2016年6月18日)

夫の家事・育児　得点圏打率を上げて

正月休みの時期には、新幹線などで小さい子ども連れの家族を目にする。気になるのは、母が「野生の母グマ」のごとく殺気だった目で、上の子どもが騒がないよう配慮しつつ下の子どものオムツを気にしているのとは対照的に、父は大あくびで缶ビールを空けつつケータイをいじっているようなケースである。すでに家族の中で、父は正規メンバーから外されているように見えるからだ。

よく、男性の長時間労働が家事育児参加を阻んでいるという意見を耳にする。だが、たとえば子育て世代の30～40代の男性就業者のうち「週労働時間60時間以上」の人の割合は、１９９０年には3割弱いたが、２０１４年現在では17％台に減少。男性全体の就労時間自体も短縮傾向にある。一方、夫婦の家事総量の85％以上を妻が担っている状況は、過去約20年変化がない。つまり男性が家事育児参加をしないのは、長時間労働以上に性規範の影響が大きいといえる。

もっとも、せっかく夫が家事をする気になっても妻に邪魔にされてしまう……という意見もある。思うに、家事育児にも野球でいえば「得点圏打率」があるのではないか。暇なとき、気分が乗ったときにのみ気まぐれで参加する家事は、(やらないよりはずっとましだが)打点が低いのである。それよりも妻が忙しいとき、体調が悪いときにクリーンヒットを飛ばせるかどうかが肝心である。そのためには、普段から家庭運営に関心を持つだけでも大きな違いが出る。

ここで気をつけたいのは、「俺はよくやっているほうじゃないか」などという主観的な申告だ。なぜならそういうとき、妻は「契約更新時のフロント」となるので、貴兄は「年俸アップをゴネる助っ人外国人」に見えてしまうからだ。「オウ、そりゃねぇぜ! 年間本塁打数は20本いってるし、打率だって2割台後半だ。この数字を考慮してくれよ!」と言っても、妻の脳内には、重要な場面でつねに凡退や併殺打、そのくせ勝敗に関係ない場面でばかりソロホームランを打つ貴兄の姿が明滅しているのである。存在感を失わないためには、家庭ではスタメン出場が難しくとも、むしろベンチスタートだからこそ、メンバーとしての自覚と関心を持つことが参加の鍵である。

(2016年1月9日)

パパも子育て　育休に「クオータ制」を

土日に小さい子どものいる女性と会うのは難しい。よく言われるのが、「夫と子どもを2人きりにできなくて」という台詞だ。育児言説の国際比較論文でも、日本の育児の特徴は「手間数の多さ」と「父親不在」である。私も子どもが乳児のころ、育児雑誌を真剣に読んでみたが、父親に関しては「パパも時間があればお手伝いしてもらいましょう」程度で、「大変なときにはばあばに頼みましょう」と書かれていた。はて、「ばあば」って宮崎アニメ（それは湯婆婆である）？　とっさにそんなことを考えたが、答えはおばあちゃん、実母に頼みましょうというのであった。実際、いざというときに女性が子どもを預かってもらう相手は、「実母」が断トツとの調査結果もある。育メン推奨の昨今だが、相変わらず日本の男性の育児参加時間は先進国最低レベルだ。

我が家は共働きで、私は産後1カ月半で講義に復帰したため、夫とは交代で子どもの世話をしてきた。そのおかげで息子は現在すっかりパパっ子なのだが、夫も最初から育児参加に積極的だったわけではない。夜泣きのひどかった生後5カ月のころは、「うるさい！いつまで子どものつもりなんだ！　いい加減落ち着け！」と、泣き叫ぶ赤ん坊に無茶な説教をしているほどだった。それが息子が生後7カ月のころ、夫を見て「ぱぱー」と言い出したら、ころっと変わった。「そうかそうかー、パパが好きかー」と、にやにやしながら「勝った」と言うのである。「『ママ』は一般的な発話だが、『パパ』は明らかに俺を呼んで言っている。つまり、個別認識は俺のほうが先だ」。

……さようでございますか。と言う以外ないほどに、夫の笑顔は輝いていた。母親に比べ、父親は子どもと授乳など言語外のコミュニケーションをとる機会が乏しいため、「パパ」と呼ばれるうれしさは格別なのかもしれない。少々癪《しやく》に障るが、妻が何百回子どもを見てと頼むよりも、子どもの「パパ大好き」のほうがよほど効果が大きいのも事実。ただ問題は、そういう信頼関係ができあがるまでの父子の第1次的接触機会の乏しさにある。自発性に任せていては難しいので、日本にこそ、育休の一定期間を父親に割り当てるパパ・クオータ制導入の必要性を訴えたい。

(2016年8月13日)

マタハラの背景にある問題

ドラマなどで女性が吐き気に襲われ、「ハッ！　もしや妊娠⁉」という紋切り型表現があるが、私の場合は「実況パワフルプロ野球」という野球ゲームで、野手を育成しているときに異変に気づいた。バッティング時、明らかにセンター返しになったはずの当たりがことごとく流し打ちになってしまう。

当初イチロー並みの流し打ち名人になったのかと思ったが、妊娠で動体視力が落ちていたのが原因。つわりもほとんどなく、出産直前まで執筆できたのは幸いであった。もっとも、妊娠で体調を崩す人は多い。「吐いてばかりで7キロ減」「全身に妊娠性発疹」「切迫流産で入院」等、大変な話を多々耳にした。妊娠出産とは「自然」が相手。完璧にコントロールすべしというのは、人間の傲慢であろう。だがこれを、独力で成し遂げて当たり前と思われているのが、今の日本の女性たちである。「妊娠は自己責任」などの言説は、この証左であろう。職場でのマタニティーハラスメント（マタハラ）横行も深刻だ。

２０１５年厚生労働省は、初のマタハラ調査を行った。結果は、妊娠・出産した派遣社員の48・7％、正社員では21・8％が「マタハラを経験したことがある」と回答。派遣社員は正社員に比べ弱い立場である上、派遣会社と派遣先企業の双方からマタハラを受ける可能性もある。もちろん女性の就労と出産・育児両立については、多くの人は理念としては賛成できても、職場に実際に妊婦がいて自分が仕事の穴埋めをしなければならない場合、感情的に不快感を覚えてしまうのも事実。「お互いさま」感覚を浸透させるためには、妊婦だけではなく、性別や既婚/未婚を問わず、条件に応じた時短勤務やワークシェアリング普及など、誰もが協業しやすい職場環境を整備する必要がある。

急速な生産年齢人口減少の最中マタハラが横行するという事態は、あえて言えばこの国の「社会的自殺」だ。次世代を育むための協業を欠いたままでは、やがてこの国は土台から崩落する。私は、この分野にも「坂本龍馬」が欲しいと思う。薩長を和解させたように、「男や女や、既婚や未婚や、妊婦や介護従事者や言うちゅう場合やないがやき!」と一喝していただきたいものである。

(2015年12月12日)

妊娠・育児めぐる女優や政治家批判　根深い「マタハラ体質」

このところ、若手女優の妊娠に伴う「違約金」騒ぎや、女性国会議員の公用車での子どもの送迎批判など、妊娠や育児をめぐるバッシングが目につく。前者は「契約」をめぐる女優の自覚のなさといった経済の観点から批判され、後者は政治家の公私混同かどうかが争点。私的な領域では祝福される妊娠・出産も、政治経済の場では途端に批判対象となるのはなぜか。

これは、日本の近代化当初から続く問題かもしれない。近代社会は私的な生活の場を家庭に閉じ込め、政治経済領域とは分離した。

主として生活の場において無償のケアワークを担ってきたのは女性、政治経済の場で有償労働に従事してきたのは男性である。前者は有用だが貨幣価値が派生しないのに対し、後者で得た貨幣は、ケアワークの購入が可能だ。この労働価値の非対称性の問題は長らく「自発的に無償労働に従事する美しい母親像」を称揚する言説によって、不問に付されてきた。

今なお母親による「ワンオペ育児」を当然視する風潮の根源には、この問題が横たわっている。しかも生活の場における私的な支援者は、同居家族の減少や地域社会の人間関係の希薄化により減少している。さらに、生活の場と政治経済の場を分けようとする志向性は、妊産婦を政治経済の場から排除するこの国の「マタハラ体質」に直結する。

日本社会はもともと農村共同体としての側面が濃厚だった。しかし、高度成長期に多くの人が都市部へと流入し、旧来の地縁血縁関係はほぼ解体した。だが日本人の生活意識の底には、今なお「ミウチの恥はヨソに見せない」という農村共同体的な感性が貼り付いてはいないだろうか。

かつての「村ごとミウチ」のようなあり方はもはや失われたが、育児や介護は家族だけで何とかすべきだとの視線は根強い。さらに高度成長期に培われた経済主義的基調はケアワークを妻に丸投げして働く労働者を標準とし、妊産婦などそれに適合しない人を有償労働の場から排除してきた。

このような現状を反映してか、将来子どもを欲しいと考える女性（18〜39歳）の割合は、フランス80%、米国79・5%に対し、日本は63%とかなり低い（医療機器メーカー・クックジャパン調査）。「超」少子化が進行する最中、せめてこの社会に充満するマタハラ体質だけでも、払拭すべきではないのだろうか。

（2017年10月9日）

コロナ禍で教育現場も危機的状況

新型コロナウイルスの影響で、日本の教育現場も未曾有の危機に見舞われている。文部科学省によれば、２０２０年4月22日現在、全国の幼稚園・小・中・高校及び特別支援学校等の91％が臨時休校している。

大学・高等専門学校は、4月23日現在、授業開始時期を延期したのは9割に上る。教育活動維持のため遠隔授業への期待は高い。全国の大学・高等専門学校のうち同日段階で遠隔授業を決定したのは59・5％、検討中を含めると98・7％が導入の方向に動いている。

実は筆者も、一大学教員として遠隔授業の準備に追われている。今期の受講生に不利益が出ないよう細心の注意を払っているが、私見ではこの混乱した状況下、全ての大学・高等専門学校の授業で、本来対面式授業に最適化した授業を遠隔授業に改訂し、同程度の教育的成果を出せるのか。

そもそも、文科省が定める4年制大学の必要単位数１２４単位のうち、遠隔授業などで認定されるのは60単位と半分以下。事態が長期化すれば、この規定も見直しが必要だ。

遠隔授業のノウハウを蓄積する価値は大いにある。ただ全面的に依拠するには教科により向き不向きの差は大きく、学生や教員の私的なインフラへの依存度が高いのは問題だ。筆者も学生に受講環境の確認を取ったが、「兄弟と同室なので双方向授業は難しい」など、切実な事情を訴える学生も散見した。生徒や学生の私的な住環境やインターネット接続環境格差が、教育格差に直結する恐れもある。とくに、来冬受験生間で不公平が生じてはならない。

提案だが、ここまで全国で教育活動が「一斉停止」になってしまったからには、いっそかねて議論されてきた「9月入学・新学期」に踏み切るのはどうだろう。世界的には9月新学期が一般的であり、すでに一部の大学も帰国子女その他の事情に鑑みて、9月入学を取り入れている。留学や海外での就職などに利点も多い。

そもそも、今年度の共通テストでは、準備不足から民間英語試験が見送られるなど問題は山積だ。今後も、変更などで受験生に負担を負わせるのは避けたい。現在、ネット上でも9月入学変更要請の声が上がりつつあり、文科省も検討を始めているという。就業時期との兼ね合いなど調整事項は多々あるが、乗り越える価値はあるはずだ。

（2020年5月4日）

新型コロナで露呈した日本の課題　遅れるＩＣＴ整備

新型コロナウイルスのまん延であらわになったのは、人間の猜疑《さいぎ》心だろう。最初は中国や日本への偏見が目立った。その後イタリアやイランでも感染者は急増し、今や世界各地で買い占めなどの騒動が起きている。

感染を防ぐため大規模集会やイベントも自粛を要請。経済的損失に加え、この過程で香港の民主派デモはなし崩しに終息を迎えるなど市民運動への影響も看過できない。スペインは8日の国際女性デーに参加したモンテロ男女共生相が感染を公表。12万人が集まる大規模集会への参加は不用意との批判も出た。私たちはこのウイルス禍で連帯できなくなってしまったのか。

そうではないと信じたい。避けるべきはウイルスであり、人ではないからだ。日本では国際女性デーに際し、一般社団法人ウーマンイノベーションが全国35カ所で開催予定だったイベントの一部をオンライン配信に切り替えた。就業に関しても、多くの企業で在宅ワークやオンライン会議などの迅速な対応がなされている。

危機は人々に働き方・暮らし方の急速な変容を迫る。英語の「クライシス（危機）」の語源は古代ギリシャ語の「クリノー(判断する、判決を下す)」であり、さらに遡ると「クレイ(ふるいにかける)」となる。この語は英語の「ディスクリミネーション(差別)」の語源でもある。危機を遠ざけるため、自らに害をなす人や事柄をふるいにかけるよう判断を迫られること——それが「危機」の前提であり、そこから時に「差別」も生まれるのは、人の世の条理であろうか。

今後も起こり得る予測不能な危機に際し、ICT(情報通信技術)は新たな共同性の創造に向けて整備されるべきだろう。コミュニケーション形態の変容はこれまでも世界を変えてきた。文字、活版印刷、電話、さらにはインターネットに至るこれらの技術は、人と人との共同体(コミュニティ)を変えてきたからだ。

もっとも、日本でICTは経済振興以外がおろそかになっている感は否めない。一斉休校で中、仏など諸外国ではオンライン授業への移行が推奨される中、日本は後れを取っている。民間教育産業のオンライン教材は盛況だが、国民の公教育不信や教育格差を拡大しかねない。危機に際し経済優先・教育は二の次というこの国の姿勢が露呈した点は極めて残念である。

(2020年3月23日)

育児の苦行化を考える

子育てにまつわる阿鼻叫喚な思い出

個人的に、妊娠・出産・育児の最も大変な点は、親の側がコントロール出来る領域の少なさにあるように思う。とくに乳幼児期の子どもは「自然」であり、そうである以上合理的にコントロールできない。このため、あらゆることがらを「コントロールしてしかるべき」という現代社会とは極めて相性が悪い。

とくに生後間もない頻回授乳期のときは、多くの母親は産褥《さんじょく》期のぼろぼろの身体なのにまとまって2時間以上寝ることができないなど珍しくもないし、その後も子どもは目を離したら死んでしまうかもしれないほど脆弱な時期は続く。

さらに少し大きくなり、はいはいから立ち歩くことができるようになると、それはそれで危険である。成長に応じてこれまでできなかったことが急にできるようになるのは嬉しいが、それは裏を返せば「昨日まで手が届かなかった場所に今日は急に手が届く」ようになるということでもある。届かないだろうと思って置いておいた壊れ物や危険物に、いきなり手を伸ばしてしまうことも起こる。

我が子は乳幼児期にはベビーベッドに寝かしていたが、1歳を過ぎたころ、寝かしつけてやれやれ……と思って執筆していたら、「子どもが背後でニコニコしながら、私がそのとき書評を書いていた本を食べていた」ことがある。そのころ息子は、いつの間にかベビーベッドの柵を平気で自力でよじ登ったり降りたりして、自在に脱出できるようになっていたのだ。慌ててベッドの底板の位置を低く調整し、柵の位置を高めにして息子が脱出できないようにした。

そういえば、乳幼児のころ、我が子は装幀の綺麗な本が好きだった。読むのではない。かじるのが大好きだったのだ。子どもが産まれたとき、たくさんの詩人や作家の方に絵本をいただき、とてもありがたかったのだが、残念ながら息子はほぼかみちぎって、悲惨なことになってしまった……。

たとえば、詩人のぱくきょんみさんからは、お連れ合いの造形作家・岡崎乾二郎さん画・谷川俊太郎さんが詩を書いた絵本『ぽぱーぺぽぴぱっぷ』(クレヨンハウス)をいただき、さすがの岡崎さんによる素晴らしい色彩づかいに感動したが、息子に与えたら喜んでたちどころに破ってしゃぶりつくしてしまった。絵本は子どもが好む色彩豊かな色づかいのものが多いが……、もったいなくて泣きそうになった。

また息子が1歳のとき、私は『現代詩手帖』の「詩書月評」というコーナーに連載をもっていたが本当に大変だった。毎月発刊される詩集および詩評論約40~60冊の中から1冊を選出し、その内容や意義を紹介するというコーナーなのだが、詩集というのはきれいな装幀が多い。箱を開けると、息子はいつも「うきゃー！」と大喜びだった。もちろん捕食対象として見ているのは間違いなかったので、ヤツに食べられないよう苦労した。

詩集も詩評論も、発行部数が少ない稀少な本が多いため、本来ならばできるだけきれいに読み、書評を書き終わったら丁寧に梱包し直して編集部に送り返さねばならないのだが、そんなあたりまえがあたりまえに出来ない阿鼻叫喚な状況は続いた。息子を寝かしつけ、あるいはおもちゃなどを与えて執筆していても、ふと見ると息子は詩集をかじっている……！

とくに大変だったのは詩人の城戸朱理さんの『戦後詩を滅ぼすために』（思潮社）という長大な詩評論だった。黄色い鮮やかな炎が表紙一面に印刷されているのだが、これが当時の息子の捕食欲をそそったらしい。どうにかこうにか息子をかわして、書評を書き終えたときには、その本の表紙は無残にふやけていた。何とか精一杯きれいに拭いて乾かして編集部に返却したのだが、その後編集部でどう扱ったのかは恐くて今でも聞けずにいる。

当時息子に食べられた本も含め、子どもの乳幼児期のことを思い出すと10年以上前のことなのに、なぜかそのときの驚きや焦り、触ってはいけないものをとりあげたときの子どもの柔らかな感触や重さまで、一気に蘇ってくるから不思議である。

たぶん、生きるか死ぬかを預からねばならない相手への記憶は、身体的・感情的にも強力に結びついているのだろう。夫と乳幼児期の子どもの思い出を話すと、妙に2人ともオノマトペ（擬音語）が多くなってしまう。理性的な言葉が通じない赤ん坊を相手にした体験は、言語化以前の感覚に結びつく割合が高いからだろうか。当時は2人とも大学の非常勤講師で、授業の曜日を分けて交代で息子を見ながら何とか育てていた。

本章所収の「育児参加は財産？　第2子・長寿の恩恵」でも触れたが、第二詩集『Z境』（思潮社）が晩翠賞をいただいて、仙台文学館の贈賞式に行ったときのこと。私が審査員や職員のみなさんと懇親会の間、仙台在住の叔父夫妻と、贈賞式に同行してくれた夫と2歳になる直前の息子の4人で食事に行った時、息子のオムツを替える夫を見て叔母が感心し、しきりと叔父に「あなたは子どもが小さいときには、何もしなかった」と恨み節となり、夫はひたすら気まずかったと言っていたのだが、補足しておきたい。

従兄弟は男の子ばかりの3人兄弟で、長男は私と同い年。乳幼児の時期などはるか昔の話なのだが、今でも鮮明にそのとき「夫が子どもの世話をしてくれなかった」積年の恨みは瞬時に沸き上がるのだろう。当時はそんなものかなと思ったが、子どもが中学生になった今なら分かる。叔母は、子育てについて叔父と同じ思いを共有してもらいたかったし、そのとき果たされなかった失望感は根深いのだ。

母がテンパる理由

同じく本章所収の「妻が松田優作化　静かになだめよ」は、そのあたりの機微を書いたものだ。

もともと『読売ウイークリー』誌に連載していた子育てエッセイ「無宿渡世母がゆく」でも書いた「乳幼児を育てる母はかなりテンパった松田優作」化する説を、紙幅の関係もありかなり簡潔にまとめたものである（※あくまでも筆者の脳内にいるイメージとしての松田優作です）。

松田優作伝説にはいろいろあるが、伝え聞いた話にはこんなものがある。映画撮影時休憩時間に漫画を読んでいたスタッフを見つけ、優作はこう言って怒ったそうである。

「同じ空気吸ってねえよ！」と。

もしパートナーが現役乳幼児の母だという読者のみなさまが、「子どもを産んだら妻がなんだか自分に対して怒りっぽい」等と感じていたら、その内容は多かれ少なかれ要約すると「同じ空気吸ってってねえよ!」に収斂されると思っておいていただけると対応もしやすいように思う。

ちなみに私のママ友さんたちとのおしゃべりで、「子どもが小さいとき、夫の言動にイラッとした事例あるある」堂々一位は、自分が家事をやっているときに夫から「おい、子どもが泣いてるぞ」と言われた、であった。

「泣いてるぞ、じゃないって! 自分であやそうって発想がないのは何でなの⁉」と、何度異口同音にママ友の恨み節を聞いたか分からない……。

そして、子どもが乳幼児期の家庭というのは、たいていは事件発生時の七曲署になりがちである。コラムにも書いたが、子育て中の親は、ジーパン刑事の殉職時でもないのに「何じゃこりゃあッ!」の連発と言っても過言ではない。

とりわけ第1子の育児に不慣れなとき、子育てマニュアルに首っ引きで懸命になるあまりテンパっているなどの状況の新米母は、重要参考人に何とか期日までに自白させようと思う余り、焦って吠える優作演じるジーパン刑事だと思っていただければ幸いである。

そんなとき、あなたが子どもの父親ならば、ゴリさんになって優作と一緒に吠えてはいけない。できれば山さんになってテンパる優作の肩をぽん、と叩き、「ジーパン、いいから落ち着け。お前一人のヤマじゃないんだぞ……」と静かになだめ、協力態勢に入っていただきたいと心から願う。

どうして多くの母親は、このように育児に関して「テンパった松田優作」になりがちなのか。思うに、この国で母親は、人類ではなく「母」類に属する別の生き物であると考えられているからではないのか。

母性信仰は女性に過酷

ただでさえ、育児や介護などケアワークは家族で見るのが前提で、困難な場合のみ福祉に頼るべしというこの国で、とりわけ母親の責任は重い。「育児は家族の自己責任」であるため、いきおい保護者（実質母親偏重）の自由はあらゆる側面で制限されがちである。

この国では、母による自己犠牲は当然視され、それができなければ徹底的に非難されてしまう。たとえば想起されるのは、2019年4月に起こった野田小4女児虐待事件だ。日頃から父親によるひどい虐待を受けていた同児童が、すでに2年前には小学校の先生に助けを求め、児童相談所にも一時保護されていたにもかかわらず、結局最悪の結果となってしまった。

このとき父親はもとより、児童を父親の暴力からかばわないどころか幇助していたという母親に対しても、厳しい批判の声が上がったのは記憶に新しい。だが私見では、非難の声の中に「母親ならば自らの命を賭してでも子どもを守るべき」との強い言葉が散見されたのが気になった。

もちろん、この母親がやったことは許されることではないが、暴力的な夫に家庭内を支配されるかたちで半ばマインドコントロールされたような状況にあったことも予期される。ましてや、被害女児の下には、2017年に生まれた第二子がいたという。自分自身のみならず下の子を守るのに精一杯であったことが、この悲劇につながったことは想像に難くない。だがこの国の「世間」は、母親の母性の欠如には厳しい判定をくだす。

意識的に信仰をもつ人が少ないこの国だが、母性神話を信仰する人は極めて多い。母親はそんなに万能なのだろうか。歴史を紐解けば、災害や飢饉などの際、子捨て、間引き、身売りなどは当たり前に行われてきたというのに。

そんな母親の置かれた厳しい現状から、多くの反発を招いたのが、本章所収「歌詞が『自己犠牲を美化』と炎上　なんとも苛烈な『理想の母』」で取り上げた事例である。

「あたし　おかあさんだから」の歌詞は、コラムにも書いたように「子どものためにすべてをささげて自己犠牲に励む母」対「自分のことだけ考えるキャリアウーマン」の二項対立図式で書かれているが、これが恣意的だとＳＮＳ上で批判を浴びた。さらに、多くの「替え歌」がネット上を賑わせたのも特徴である。紙幅の関係で新聞紙上では紹介できなかったが、興味深かったのは僧侶ら聖職者の方々が続々と替え歌をアップし、これらが奇妙にしっくり来るように思えた点だ。

たしかに、出家する並みに俗世への執着や個人的な趣味嗜好を捨て去らなければ、この国で「いいお母さん」にはなれないのかもしれない。上述したように母親が「テンパった優作化」するのは、途方もなく設定された高いハードルに多くの女性が悩んでいるからかもしれない。だが、疑問は残る。母親業は、苦行になるほど「正しい」のだろうか、と。

それなりに社会経験を積み自信をつけてきた女性でも、いやそういう女性ほど、子育てにはテンパってしまうようにも思う。なぜなら冒頭で述べたように、乳幼児は「自然」だからだ。一般に社会ではあらゆることがらを自分一人でコントロールできるほど「優秀」とされるが、こと育児に関しては「一人で完璧にコントロールしなければならない」と思うほど、どつぼにはまっていくように思う。

はっきり言えば私など、明らかに不良母である。つねに子どもに１００％向き合うことはできないどころか、息子より原稿が気になっていることなどざらにある。息子が小さいころ、「ママの真似」と言って、「カカナクチャ、カカナクチャ」と言ってけらけら笑っていたのを見てハッとしたこともある（そんなにつねに原稿を気にしてブツブツ言っていたのか……）。

ついでに言えば、当時はよく子どもを足であやしながら原稿を書いていた。つねに何かをやりながらの育児で、もちろん菩薩のごとき母にはなれない。あらゆる行動をどたばたじたばた、みっともなく子育てしながら生活してきた。

コラムにも書いたが、日本の母親に期待される家事育児の要求水準は、先進国で一番高い。これ以上を望むのはもはや現実的ではないし、むしろ「超」のつく少子化の一因になっているとすらいえる。

なぜなら家事育児の要求水準が高すぎて、仕事の面では失うものが大きすぎるため、女性が個人で負わねばならない人生の負荷が「過重積載」なのだ。政策は少しでもそれを軽くする方向にすべきだと思うのだが、現実は正反対のことばかりが要請されている。今後は育児のダウンシフトこそが、母親業の宗教的苦行化を解消し、少子化対策にもなるはずと信じて止まない。

第5章

わたしたちのガラパゴスな結婚

少子化の意味するもの

例年、5月5日のこどもの日に発表される「15歳未満の子どもの数」は、4月1日時点で1605万人と前年に比べ15万人少なくなり、さらに1950年以降では過去最低を記録したことが分かった（総務省統計局人口推計より）。人口減にも歯止めがかからず、2015年調査された国勢調査速報値でも2015年10月1日現在での総人口は1億2711万人となり、前回調査（10年）から94万7千人の減少となった。国立社会保障・人口問題研究所推計ではこのまま対策を講じず放置した場合、日本の人口は2110年には4286万人まで減少するという。

少子化の大きな要因は、若年層の経済的不安だ。「妻の年齢別にみた、理想の子ども数を持たない理由」の第1位は「子育てや教育にお金がかかりすぎるから」で総数でも6割、30歳未満では8割が理由にあげている（「第14回出生動向基本調査」より）。若年層、とりわけ30代男性の中央値で見た収入水準は近年急減しており、「就業構造基本調査」から算出した数値では90年代後半から00年代後半にかけ、たった10年で年収が200万円も減少している。もはや若年層ほど共働きでなければ家計破綻リスクは高まるうえ、教育費の家計支出割合の極めて高いこの国では、女性の就労と出産・育児の両立は少子化対策の不可欠の条件だ。

だが、第1子出産後6割の女性が離職する状況に過去約30年変化はなく、妊娠による退職勧奨など法律違反の「職場慣行」や、マタハラまで横行している。先進国で一番手間数のかかる育児を担うこの国の母親は、企業から非効率的な人材とみなされる恐れもある。だがそれゆえ妊産婦を退職に追い込むような事態のまん延は、まさに「部分の最適化」だ。個々の企業や個人が自らの生き残りのために行う「合理的な選択」が、結果的にこの国の人間そのものを減少させている。この不条理を目の当たりにするたびに、私はインドの詩人・タゴールの詩の一節を思う。「子どもはみな、ことづてとともに産まれてくる。神はまだ、人間に失望してはいないのだということづてと」。あえて問う。産まれてくる次世代の命が歓迎されない状況がひしめくこの国は、果たして「神にまだ失望されていない」のだろうか。

（2016年5月14日）

役に立った「逃げ恥」

2016年末ヒットしたドラマ「逃げるは恥だが役に立つ」は、女性の家事労働に焦点が当てられた異色の「仕事もの」だ。ヒロイン・みくりは大学院を出たものの就職に恵まれず、会社員・平匡の家事代行サービスを引き受ける。やがて住み込みで家事全般を請け負い、相応の給料をもらう「就職としての契約結婚」を平匡に持ちかけて……。海野つなみ氏の原作漫画はもう少し複雑な機微があったが、ドラマはより直截的で、2人の間に恋愛感情が生まれ本物の夫婦になろうというとき、「結婚したら無給で家事を」と言う平匡に対し、「『好き』の搾取」と反発するみくりの姿勢が話題となった。

家事労働は有償であるべきか、愛情による無給であることにこそ意義があるのか。この「家事労働有償論」は、1960年代に起こった「第2次主婦論争」の主要なテーマである。育児介護を含む家庭内でのケアワークは、通常無償労働である。それでは、もし家事労働が有償であるとすれば、誰が支払うのだろうか。想定されるのは、(1)ケアを受けなければ生活が立ち行かない当事者、とりわけ乳幼児や要介護の高齢者等、(2)配偶者、通常は主たる家計の担い手である夫、(3)国家の3者だ。

⑴は稼得能力が乏しいか所持しないがゆえにケアを必要とする人たちであるため、想定することは難しい。⑵は、企業による家族手当等はあるものの、たとえ妻がいかに高度な家事育児等を担ったからといって、夫の給与が飛躍的に増加するわけではない。⑶は、すべての主婦に公務員のごとき「家事労働給」を与えるのは財源上困難だ。以上は冗談のような問いだが、問題の本質に根ざしている。

人は生まれて間もない時期も、人生の晩期においても、他人によるケアを必要としながら、経済的交換価値を生み出す能力は乏しくなる。それは、人間の生が経済的な価値の範囲には収まらないがゆえの必然だ。このケアワークが無償であることの根拠を、女性の「自発的な愛情」に求めたことは、社会の大いなる矛盾でもある。これまでも論争は多々あったが、ついにエンターテインメントの主題とし、多くの耳目を引いた点でも、『逃げ恥』は、誠に「役に立つ」作品であった。

（2017年1月14日）

強制される理想的家族　出産・子育ての意欲そぐ

ヨルゴス・ランティモス監督のSF映画「ロブスター」の世界では、「独身は罪」である。独身者は「ホテル」に送致され、45日以内にパートナーを見つけなければ動物に変えられてしまう。主人公の男性はホテルに送られるが耐えきれず、この社会に抵抗する独身者たちが暮らす森へと逃げ込むが、今度はそこでタブーとされる恋に落ちてしまう……という、欧米カップル文化の戯画化ともいえる物語だ。

一方、日本の結婚観をデフォルメしたのは、中島たい子の小説「LOVE＆SYSTEMS」。登場するN国の人々は姓しかなく、個人名はもたない。家族の間ではチチ、ハハ、ムスメ、ムスコなどと呼び合う。誰もが家族庁が定めた相手と結婚し、男性は仕事に専心し、女性は結婚して家事や育児に専念するのみ。そこに、婚姻制度が撤廃され子どもはすべて国の機関で育てられるF国から来た青年が、N国のムスメと恋に落ちて……というもの。

自民党の改憲草案や家庭教育支援法案に触れたとき、私はこれらのSF作品を想起した。共通するのは、国民の結婚や家族生活に国家が介入することのグロテスクさである。

改憲草案は「家族は互いに助け合わなければならない」とし、法案は国家と社会の形成者として必要な資質を保護者が子に備えさせることを求める。家族は国家に奉仕して当然との前提も問題だが、そもそも現状でも育児言説の国際比較では日本の育児は先進国で最も手間数が多く、母親に要求される水準も高いのである。

この国の多くの人々は、政府が求める理想的家族役割を担うのは難しいと考えても、「ロブスター」の独身者集団のように激しく抵抗するつもりもないだろう。育児に限らず、順応するための要求水準が高すぎる社会では、反対派は極端な言動をとらざるを得ず、中庸と寛容性が失われてしまう。結果、締め出されるのは中間的志向性を持つ「普通の市民」である。家庭教育の理想像をさらに高める発想は女性たちの出産意欲を押し下げ、少子化を加速しかねない。普通の市民が無理なく子どもを産み育てていくために必要な政策は、少なくともこれ以上育児負担を課し、心理的にも時間的にも保護者を追い詰めることではないはずである。

（2016年11月12日）

夫の実家への帰省「女はつらいよ」

例年帰省ラッシュが話題となるお盆休み。これほど大勢の人が一斉に「（主としてお墓のある実家付近の）故郷」を目指すようになったのは、それほど古くはない。一例をあげると、民俗学者の矢野敬一氏は「お盆ラッシュ」という言葉が「新潟日報」紙上に初めて登場したのは昭和37（1962）年で、以降記事の中心も旧来の伝統行事から帰省客によるラッシュに移っていったと指摘する。

高度成長期に日本の産業の中心は第1次産業から第2次産業に移った。地方の農村にいた若年層は三大都市圏を中心とする都市部へ流入し、新しい世帯を構えた。にもかかわらず、農村共同体の家制度に基づく墓参の慣習が保たれ、帰省ラッシュは今なお続く。

60年代後半には結婚のきっかけは「お見合い」を「恋愛」が上回り、結婚は「家制度」から「夫婦相互の個人的結びつき」へと軸を移す。だが家意識の心理的な負担は今日もジェンダー非対称であり、男女の落差は大きい。

内閣府「結婚・家族形成に関する意識調査」（2014年）によると、未婚者で結婚願望のある人の「結婚生活を送る上での不安要素」について「配偶者の親族とのつきあい」と回答したのは、男性の32・2%に対し女性は58・5%と大きな差が見られた。

黒川伊保子氏「『妻の帰省ストレス緩和』の秘訣」(『プレジデント』18年9月3日号)によれば「義実家への帰省」に気を使うポイントについて、女性は1位が「義家族との会話」(60・5%)、2位「家事の手伝い」(57・9%)。一方男性は「気を使うことはない」「手土産」がともに1位で31・0%だった。

この数値が示すものは何か。たとえば義実家に行くと女性は義両親との会話の端々に気を使い、時にお説教や孫の督促を受け流す。家事を全く手伝わないのは気が引けるが、台所は義母のテリトリーなので、あまり介入しすぎると細かな衝突が起きる――。などと女性が神経をすり減らすのに対し、男性は何一つ気にせず、強いて言えば「手土産を買っていけばOK」で、後はのんびり供応されているという構図か。

戦後家族は法的にも個人の心情的にも家制度から解放されたが、お盆の帰省などでその残滓《ざんし》は顔を出すらしい。「義実家帰省に、女はつらいよ」なのだ。読者諸兄には、ぜひご理解いただきたい。

(2019年8月12日)

50年後の「タラレバ娘」

2017年1月より、「東京タラレバ娘」のドラマ版が放映されている。東村アキコ氏原作の漫画は30代女性の恋愛観・結婚観・仕事観を、ときに痛々しいまでに毒気含みで描いた作品だが、ドラマは今のところもっと穏当なようだ。設定年齢も、原作ではヒロインたちが33歳であるのに対し、ドラマは30歳設定。さらに配役も、吉高由里子・榮倉奈々・大島優子と、いずれも実年齢は28歳とぐんと若い。主演女優たちがかわいらしく初々しいせいだろうか。原作でさく裂する、ヒロイン3人娘が結婚や出産のタイムリミットで焦りながらも「あのときああしていたら、こうすれば」と、「タラレバ話」の女子会でくだを巻く切実さにやや欠けるのが残念。「国勢調査抽出速報集計」で見た2015年の女性の未婚率も、20代後半は61%と多数派だが、30代前半になると33・7%と、未婚者はぐっと減る。漫画原作の年齢と演じる女優たちの実年齢の5歳差は、女性にとっては大きな違いといえる。

原作とドラマのヒロインの年齢差は、世相を映す鏡かもしれない。典型例は、何度もドラマ化された松本清張の『鉢植を買う女』だ。1961年発表の小説版は、ヒロインは会社では女性社員最年長で34歳独身。陰で「行き遅れの婆」呼ばわりされ、自身も28歳のころから結婚を諦めている（後妻の話なら来たが……というのが、昭和30年代的である）。同作ヒロインは、93年に池上季実子主演の際、32歳設定になっていた。それが、2011年のドラマ化では余貴美子主演で勤続30年、52歳の設定になっていて驚いた。原作から半世紀を経て就業者の4割は女性という現状下、「女性社員最年長」で「行き遅れ」の設定は、約20歳も年長になってこそのリアリティーだったようだ。

そういえば、以前学生に「歳を重ねても結婚しない女性を意味する『行かず後家』という言葉があった」と説明したところ、「一瞬、ヒカリゴケの類かと思いました」と真顔で言われたことがある。もはや死語なのか。だが一方、「タラレバ娘」で描かれたような、いわく言いがたい女性のタイムリミット感は健在なのも事実。果たして50年後に同作がドラマ化されるとしたら、ヒロインは何歳設定がリアルなのだろうか。

（2017年2月4日）

恋愛に正しさ求める矛盾　相次ぐ不倫報道に思う

ホワイトデーを目前に、ハートマークだらけの商品棚を見ながら考えた。

日本記念日協会によると、2018年のバレンタインデーの推計市場規模は約1300億円。17年のハロウィーンの推計市場規模（約1305億円）を下回った。「若者の恋愛離れ」の証左ともされるが、18年のホワイトデーの推計市場規模は約530億円。バレンタインデーと併せて約1830億円規模の市場と考えれば、依然小さくはない。

ただその内実は「友チョコ」や「自分チョコ」、さらには女子だけで楽しむ「ギャレンタイン（ギャル＋バレンタインの造語）」まで登場と、恋愛消費市場には収まらず、質的転換を遂げてきているように思える。

日本では、1980年代にデートマニュアルやムック本の隆盛など恋愛関連の行動が急速に消費市場化したが、バブル崩壊をきっかけに急速にトーンダウン。恋愛消費市場の変化を後押しする時代の機運を強く印象づけられたのは、私見では俵万智氏の不倫を題材にした歌集『チョコレート革命』（97年版）である。

表題作「男ではなくて大人の返事する君にチョコレート革命起こす」は、まさに日本型バレンタインデー消費の贈答儀礼にかけて、社会的属性に拘泥する男性への愛憎を描いた歌。

他にも「日曜はお父さんしている君のため晴れてもいいよ三月の空」「妻という安易ねたまし春の日のたとえば墓参に連れ添うことの」という風に、女性の個人化や自立志向がうたわれてもなお残存する、乗り越え困難な家族規範と恋愛感情の矛盾を鋭く突いた作品が並ぶ。

ところで、「若者の恋愛離れ」が嘆かれる一方、ここ2年ほど不倫バッシング報道がかまびすしい。両者は「適切な時期に（互いに未婚の）適切な相手と、（法律婚など）適切な手続きを経る手段としての恋愛」以外は倫理的に許されるべきではないという、「正しい」恋愛規範を共有しているように見える。

そもそも恋愛は、階級をはじめとする個々人の社会的属性を越えた情緒的結びつきを可能にする点で、社会秩序の維持に阻害的に働く要素を持つ。近代社会は、結婚制度への「安全な」組み込みという形で、恋愛の「無害化」を志向してきた。だがこれは、大いなる矛盾ではないのか。もっとも、山と積まれたホワイトデーの菓子を前に、こんな思索は無駄とは思うが。

（2018年3月12日）

性別分業根強い日本・イタリア　女性稼ぐほど未婚促進

2015年の国勢調査結果で、生涯未婚率（50歳時点未婚）の高まりが注目を集めている。国立社会保障・人口問題研究所によると男性23・37％、女性14・06％で、前回10年の調査より男性3・23ポイント、女性約3・45ポイント上昇し、いずれも過去最高を更新した。

目を引いたのは全国一婚姻率の高い東京で、生涯未婚率は男性26・06％と全国3位、女性は全国1位の19・20％となった点だ。地域別に見ても東京在住女性の生涯未婚率は、2位以下と比べ突出して高い。要因としてまず想起されるのは、東京は女性の賃金水準が高く、それだけ女性にとって結婚の魅力が乏しいのではとの観点である。これは、戦後先進諸国で見られた未婚化の高まりを説明する「女性の経済的自立仮説」に相当する。経済学者ゲーリー・ベッカーが唱えたものであり、「女性の社会進出が未婚化を推し進める」との見方の根拠となった。

だがこの仮説は、近年先進国では該当しない国が増えている。女性が経済力をつけるほど未婚率の押し上げ要因となるのは、性別分業が固定的な国に限定されており、性別役割が平等な国ほど、女性は経済力があるほうがむしろ結婚しやすい傾向が見られるのだ。また先進諸国では、おおむね90年代以降は女性の就労率が上昇するほど出生率も上昇するため、「女性就労も出生も同時に促進される」との傾向が見られている。

それでは、日本の場合はどうだろうか。同研究所の福田節也氏は、90年代から00年代初頭にかけて、先進国における女性の所得と婚姻率（初婚）の関係を検証。性別分業志向の弱い英国や北欧諸国では、高収入は女性の結婚を促進する結果がみられたが、性別分業の根強いイタリアと日本では、女性の収入が一定水準まで上昇すると未婚が進むとの結果を報告した。イタリアでは年収が１万７千ユーロ以上になると、何と無収入の女性よりも結婚しにくくなってしまう。日本では、女性の年収増は４１０万円までは結婚確率に関し正の効果をもたらすが、それ以上になると効果が減っていく結果となった。*

女性にばかり「仕事か家庭か」の二択が迫られる日本では、女性が高収入職で就労継続を希望する場合、結婚の魅力が減退するという構図が浮き彫りになったといえる。このまま看過すれば、「女性活躍」と「少子化対策」双方の達成など絵に描いた餅といえよう。

（２０１７年５月１日）

＊福田節也「ジェンダーシステムと女性の結婚選択(2)〈改訂版〉——日本における『女性の経済的自立仮説』の検証」『季刊家計経済研究』２００７年、秋季76号、54－62頁

望ましさの分裂　リードして／対等でいて

ラグビー日本代表五郎丸歩選手が、テレビ番組で好きな女性のタイプを聞かれ、「一歩二歩、後ろを下がって歩く女性がいいですね」と回答。大学ラグビー時代から彼の勇姿を見てきた私は、咄嗟に「スローフォワードを防ぐためだろうか」と思ったが、違ったようだ。この発言、周囲の女性たちの失望ぶりに、改めて男女の温度差を思った。これは後発近代化国日本にかけられた「呪い」かもしれない。

そもそも、西欧式の「恋愛」とは、明治期に西欧から「輸入」されたものだ。たった1人の相手と、永遠に愛を誓い家庭を築くという、「恋愛・結婚・出産の三位一体」が、日本に導入された歴史は浅い。戦前まで結婚は、家同士の結びつきを目的としたM&A（合併・買収）のようなものだった。

あえて言えば、今なお日本には「カップル文化」は根づいていない。公式な場では男性が女性をエスコートして社交ダンスを踊る西欧文化と、先祖の霊を迎えて集団で盆踊りを踊る日本文化の差は大きい。だから日常的な行動と、恋愛や結婚に関する理想像の乖離もまた大きいのだ。私が行った未婚者対象調査では、普段は平等志向の女性でも、恋愛関連行動は男性からアプローチをしてほしいが多数派となった。

民間調査会社の統計などでも、「プロポーズは男性から」が84%。「夫が家計責任を担うべきだ」との意見には、男女とも7割以上が「賛成」。女性は恋愛に関し男性にリードしてほしいし家計も負担してほしいが、同時に対等に扱ってほしいという「望ましさの分裂」を抱えている。

男性からすれば「普段は女性を平等に扱うべきだが、つきあうときもプロポーズも男性がリードすべきで、家計責任も担わねばならない」という無理難題に見えるだろう。

もっとも日本の結婚生活では、妻は「フルバックの後ろを守る」くらいの活躍が要請される。既婚女性の有償・無償労働時間を合計した総労働時間は先進国で一番長く、要求される家事育児水準も高い。せめてプロポーズの言質くらいは男性に取らせたいという切実な願いもあろう。まずは男女がこの矛盾だらけの構造を理解し、歩み寄ることを切に願う。

（2015年11月7日）

日本人の恋愛体質　西欧の「型」借り　愛誓う

2016年新語・流行語大賞トップテンは、「ゲス不倫」に「アモーレ」と、恋愛関連語が目についた。「ゲス不倫」は、周知のようにバンド「ゲスの極み乙女。」の川谷絵音とタレントのベッキーの婚外恋愛から作られた造語である。ベッキーは一時休業に追い込まれるなど社会的制裁が大きかった半面、川谷は9月に未成年者との飲酒が報道されるまでは活動を継続するなど、男女で異なる社会的制裁の温度差も目についた。もっとも、その後に続く宮崎謙介元衆院議員の辞職に鑑みれば、公人の立場にあれば男女関係なく強い社会的制裁を受ける側面も指摘できる。

2016年は不倫報道がブームとなったが、果たして日本人はいきなり「恋愛体質」になったのかは、大いに疑問だ。国立社会保障・人口問題研究所「第15回出生動向基本調査」（15年）の「独身者調査」によれば、未婚者のうち「恋人なし」は男性7割、女性は6割と前回調査より増加。交際相手をもたず、かつ交際を望んでいない未婚者（18〜34歳）は、男性では全体の3割超、女性では3割弱となっている。また、内閣府「結婚・家族形成に関する意識調査」（14年）によれば、恋人が欲しくないと回答した未婚男女（20〜30代）

に理由を尋ねると、全体で5割弱が「恋愛が面倒」と回答。とりわけ30代女性にその傾向が目立った。

そもそも西欧諸国のように「公式な場では男女同伴」などの文化規範のない日本では、西欧式のカップル文化基盤も脆弱である。一方結婚式は、リクルートブライダル総研（16年）によれば、キリスト教式が最も多く、全国で5割超、首都圏では6割弱となる。「結婚式専用教会」はもともとラスベガス発祥とされるが、今では日本独自の文化的発展を遂げている。もっとも、文化庁「宗教年鑑」（15年）によれば、日本の宗教信者のうちキリスト教系はたった1%なので、キリスト教式結婚式を挙げるカップルの多数派は非信者といえる。カップル文化不在の日本人は、キリスト教式のような「型」を借りて西欧人に倣わねば、照れくさくて「永遠の愛」を誓うのが難しいのかもしれない。なるほど、「アモーレ（イタリア語で愛する人）」が、流行語になるわけだ……？

（2016年12月10日）

生涯未婚率名称変更のわけ

２０１９年5月、政府は50歳までに一度も結婚したことがない人の割合を指す「生涯未婚率」を「50歳時未婚率」に表現を変更したという。晩婚化・非婚化やライフスタイルの多様化など現状を鑑みた決定とのことだ。

この統計は国勢調査の結果をもとに、国立社会保障・人口問題研究所が45〜49歳と50〜54歳の未婚率の平均値から計算している。50歳を過ぎると女性の妊娠可能性が低くなることを念頭に、結婚と出産は結びつくとの考えから算出された。

時系列で見ると、男性の50歳時未婚率は１９９０年の５・57%から２０１０年には20・14%と4倍近く伸び、15年に23・37%となった。一方女性は１９９０年に４・33%だったが10年は10・61%、15年は14・06%だ。共に増加しているが、とりわけ男性が著しい。

この状況を反映してか、06年にはフジテレビ系ドラマ「結婚できない男」がヒットし、今秋には続編が放映された。その名も「まだ結婚できない男」。阿部寛氏演じる、優秀な建築家だが生活全般への美意識もこだわりも強く、何より独りが大好きという、結婚には不向きな主人公・桑野信介をめぐる騒動を描いた作品である。

前作は信介も40歳になったばかりで、恋愛対象となる女医とのやりとりがストーリーの中軸を担っていた。だが今作で彼女と破局したらしいことが明らかに。すでに信介は53歳。変人ぶりにも磨きがかかっている。きれい好きな彼は、整理整頓が行き届いた高級マンションで快適に暮らす。高級レストラン並みの料理を自分だけのために作り（北京ダックをきれいに焼き上げたときには、軽い目まいを覚えた）、1人でそれはそれは幸せそうに食べている姿は圧巻だ。

私見ではこのドラマ、もはや既存の恋愛ものの域を超え、50代独身生活満喫男性の生態観察と化している。そこにあるのは「結婚しないと不幸」という社会通念への、ささやかな抵抗のようにも見える。

考えてみれば「未婚」という言葉自体、いずれ誰もが結婚することを前提としたものだが、今日それは統計的にも妥当ではない。結婚が出産の「ため」のものであり、人口増に寄与するはずとの発想から生まれた「生涯未婚率」の術語も、旧来の価値観から生まれたといえる。今後は「未婚」に換えて「非婚」の語を使用すべきだと考えるが、いかがだろうか。

（2019年12月23日）

配偶者控除見直しに思う

自民党税制調査会の宮沢洋一会長は、２０１７年度の税制改正で配偶者控除見直しを検討すると表明した。配偶者が年収１０３万円以下であれば控除が受けられる同制度は、専業主婦優遇制度とされる。高度成長期中葉の１９６１年に導入されたが、共働き世帯の増加にともない「時代遅れ」との指摘もある。

たしかに専業主婦のいる世帯割合は70年代をピークに低下し、97年以降共働き世帯が逆転。15年現在では共働き世帯１１１４万世帯、専業主婦世帯６８７万世帯と、４２７万世帯共働き世帯の方が多い。背景には、若年層を中心に総体的な賃金水準低下や昇給ベースの鈍化が見られ、夫婦二馬力で家計破綻リスク回避を図らねば立ち行かない世帯が増加したという切実な事情がある。主婦パート労働の実態に詳しい経営学者の本田一成氏によれば、女性パートの就労動機は、90年代から00年代にかけ「家計補助」型から「生活維持」型へと変化しており、もはや「中流」世帯の生活水準を維持するためには、既婚女性の就労が不可欠だと指摘する。アイデム「パートタイマー白書」（13年）によれば、企業が雇用しているパート・アルバイト従業員は74％が「主婦」であり、非正規雇用の最大多数派でもある。また主婦パートは8〜9割が希望勤務時間帯を「9〜15時」と答えるなど、家庭責任重視の傾向も見られる。主婦偏重の家庭責任をそのままに、闇雲に就労へ動員するばかりでは問題だ。

また、そもそも配偶者控除は妻という「地位」に付加される制度だが、現状ではこの地位と育児や介護などケアワーク負担の重さは、必ずしも同義ではない。たとえば現在、生涯未婚率（50歳時点未婚）は男性2割、女性1割であり、「未婚男性が老親の介護を担う」ようなケースも増加しているが、この立場に対する控除はない。福祉先進諸国はすでに70年代以降、家族形態よりも個人のケア負担の重さを眼目に社会保障制度改革を行ってきた。現状に鑑みれば、配偶者控除は「成長した子どもの窮屈になった衣服」のようなものだが、新しく現状に即したケア保障がなければ、その子どもを裸のまま野に放つに等しい。国民個々人の生活実態に即した制度改革を、切に望む。

（2016年9月3日）

800万人の主婦パート

2016年9月末、首相官邸で第1回「働き方改革実現会議」が開催された。今後も非正規雇用や女性就労等について検討されるという。総務省「就業構造基本調査」（2012年）によれば、すでに日本の被雇用者に占める非正規雇用割合は4割。そのうち既婚女性のパートタイマーなど「主婦パート」は、非正規雇用全体の4割に相当する約804万人いる。労働ジャーナリスト・渋谷龍一氏によれば、サラリーマン世帯のうち妻がパートタイマーの世帯は、05年から15年までの間に26％から32％まで増加した。これは、専業主婦の世帯が同時期45％から34％まで減少したのとは対照的である。他方、妻がフルタイマーの世帯は26％前後で推移し大きな変化はない。また子どものいるふたり親世帯の平均世帯年収を妻の就業形態別に見ると、高い順に正社員世帯約798万円、専業主婦世帯約618万円、パートタイマー世帯約552万円で、主婦パート世帯の妻の家計負担の重さが見て取れる。近年非正規雇用者の「基幹化」も進行しており、正社員に近い仕事を任される非正規雇用労働者が増加する一方、それに見合う報酬は支払われていない。「主婦パート」は半人前の労働者などではなく、9割超に正社員経験があり、基礎的ビジネススキルは身についている人が多い。問題は、女性が家庭責任負担の重さから、結婚・出産を経て多数が離職していくという雇用市場からの「斥力《せきりょく》」と、労働力不足や経費節約目的など企業からの「引力」が、「低待遇でも一定水準以上のパフォーマンスを見せる主婦パート」を増加させている点だ。さらに主婦パートは専業主婦と同水準の家事育児を担うため、有償労働・無償労働の二重負担に苦しむことにもなる。

雇用市場と家庭生活双方にまたがる女性の「負担増・低待遇・低評価」な現状は、主婦パートのあり方に収れんされることから、私は「主婦パート問題」と呼びたい。日本社会は女性に重い負担は負わせても、それに相応する評価も待遇も与えようとしない。必要とされる人には、それにふさわしい評価と待遇を与えるという「当たり前」が成立しなければ、「働き方改革」などなし得ないのではないか。そう強く問いたい。

（2016年10月8日）

振り返り

不自由でガラパゴスなこの国の結婚

「結婚」はどう変わってきたのか

平成から令和にかけての日本人の結婚のあり方は、どう変わったのか。国立社会保障・人口問題研究所（以下、社人研）「人口統計資料集」（2020年）によれば、平均初婚年齢は平成元年である1989年に、男性28・5歳、女性25・8歳。2018年現在男性31・1歳、女性29・4歳。男性は平均2・6歳、女性は同3・6歳結婚が遅くなっている。

婚姻件数は1989年70万8316件、2018年58万6481件と12万件以上減少。高齢化の影響で、いわゆる結婚適齢期にあたる層の母数が小さくなっているため、人口千人当たりの婚姻率も減少しているが、それと比較しても減少幅は大きい。

よく言われる「若者の結婚離れ」は本当だろうか。同じく社人研「出生動向基本調査」で見てみると、18~34歳の未婚者への意識調査では、第9回調査（1987年）では「いずれ結婚するつもり」と回答したのは、男性91・8%、女性92・9%。

これが第15回調査（2015年）では、同男性85・7％、女性89・3％とやや減少している。

それでも、「大多数の若年未婚者は結婚したがっている」という見方もできるのだが、私がむしろ気になっているのは、「一生結婚するつもりはない」と回答した人の増加だ。そう回答した人は第9回調査では男性4・5％が第15回では12・0％、同女性は4・6％から8・0％と2～3倍の増加となっている。

なぜ結婚したくないのか。同第15回調査で「独身であることの利点」への質問に対しては、「行動や生き方が自由」と回答する人が圧倒的に多く、男性69・7％、女性75・5％となった。

実際問題、この国で、結婚とは自由を失うことという意味合いが大きい。婚外子出生率が2％台であり、ほとんどの子どもが法律婚カップルから生まれるのだが、これは結婚＝出産の意味合いが根強いことの証左といえる。選択的未婚の母は、長年税制度などでも損をするようになってきたし、現在でも婚外子差別が問題視されている。

家族関連法と家族・ジェンダー観

家族関連の法律とは、政府の家族観・ジェンダー観の反映でもある。法律婚を経ないひとり親や婚外子の差別を撤廃するための制度改革の声が上がるたびに、保守層からの反発がある。法律婚を経ないひとり親世帯の税制度上の不平等解消も、選択的夫婦別姓（氏）も、保守派議員からの反発は判で押したように「伝統的な家族像を壊す」だ。

たとえば、政府の「男女共同参画基本計画」では、2000年の最初の基本計画から15年の第4次計画まで、今後取り組むべき具体的な施策として「選択的夫婦別氏制度」が明記されてきた。だが、20年12月25日発表の第5次計画では、「選択的夫婦別氏」の文言自体が削除されてしまった。

周知のように、選択的夫婦別姓（氏）とは、当の夫婦が同姓か別姓かを選択できるようにする制度である。このため、当然ながらこれまでのような夫婦同姓を選択したい夫婦は同姓を選択することができる。

なお、夫婦同姓は日本の古代からの「伝統」ではない。また、現在は「氏《うじ》」「姓《かばね》」も同じく「名字」として認識されているが、由来は異なる。まず「氏」は、親族共同体を前提とする出生の地名等から派生したものである。一方、「姓」は古代社会の豪族の社会的・政治的地位を示していたが、大和朝廷の支配が強化されるにつれ、朝廷から下されるようになったものである。

なお平民に「氏」の使用が許されたのは、1870年の太政官布告からである。1875年に主として兵籍取り調べ目的で氏の使用が義務化された。その後76年の太政官指令は、妻の氏は「所生ノ氏（＝実家の氏）」を用いることとしたので、明治期初期は日本の夫婦は別氏制だったのである。

これは旧来の慣習では妻は「よそ者」とされ、氏を継ぐのは定位家族（そこで子どもとして生まれた者）が前提との通念があったためとされている。ところが、1898年に成立した民法では、「夫婦は、家を同じくすることにより、同じ氏を称することとされる」として、「夫婦同氏制」へと変更された。

夫婦別姓問題にみる多様性の困難

さて、今日の「夫婦同姓（氏）」制度では、圧倒的に女性が男性の姓に変更する割合が高い。厚生労働省「婚姻に関する統計」（2016年）によれば、夫が妻の姓を選択する割合は全婚姻でも4％であり、初婚同士では2・9％となっている。長らく女性が慣習的に夫の姓に改変し、かつ社会的発言権をもたなかったため問題化しなかったが、昨今では女性の就業率も高まってきたことや、兄弟姉妹数が減って女性も姓や墓を継ぐ必要性に迫られる事態が増え、選択的夫婦別姓（氏）へのニーズは高まりを見せている。皮肉なことに、血縁のある同姓の子どもが家名と家産を継ぐべしとの慣行が、現実の家族成員の縮小に伴い現実と齟齬を来しているのだ。

墓の継承については、原則「同姓の長男」が継承との慣習が色濃いため、姓の変わった娘などが継承するには煩雑な手続きが必要な場合も多い。配偶者と実家2つの墓の管理で手間も費用も嵩んでしまう人も増加するなどの問題もある。さらに現行制度は、外国人との婚姻に関しては別姓か同姓か選択可能であり、この点も不平等との指摘もある。

私見では、選択的夫婦別姓（氏）が導入されても、依然慣習としての同姓志向は根強く多数派は選択しないことが予期される。だが、上述した切実な理由から必要とする人たちがいることも事実だ。なぜこの点が、政策上軽視され続けてきたのだろうか。日本社会の「多様性の困難」は、ここにも現れている。政府の前提する家族観が極めて狭く限定されており、そこを外れた人たちは不自由を強いられるか、あるいは家族をもつこと自体を諦めてしまうように見える。

家族社会学を専門とする筒井淳也氏によれば、世界的に見れば「家族観が硬直化」し、かつ「家族成員間の相互扶助負担の重い国」ほど少子化が進行している。

つまり、客観的に見れば「家族主義は家族を壊す」のである。強い言い方をすれば、この国の法制度が守ろうとしているのは、形骸化した「理念としての家族像」であり、生きた現実の家族生活ではないようだ。[*1]

日本の結婚は「ガラパゴス」

このように結婚とは、今なお形式上であれパートナーの一方が姓を変えて「他家に入る」意味合いが強く、「結婚すること＝子どもをもつこと」とみなされている。子どもをもつ以上は「良いご家庭」規範に入らなければならないという同調圧力も強い。また法律婚外で同棲するカップルは依然少ない。

このため日本の結婚は法律婚と同居開始が同時で、出産するカップルは法律婚後1年くらいで第1子をもうける。この「法律婚＝同居＝出産」の三位一体の結婚形態は、実は世界的に見れば「ガラパゴス」なのだ。たとえば先進国でも出生率が回復している北欧諸国やフランスなどでは出生の半数近くか過半数が「婚外子」だ。同棲カップルの間から生まれた子どもと婚内子の間に何ら法的差別がないため、法律婚が身の丈に合わない場合は選択しない場合が多いのである。

たとえば第4章所収の「寡婦控除めぐる対立　何を示す？」でも触れたように、

スウェーデンでは、結婚と出産と同居開始のタイミングがばらばらで、女性の平均第一子出産年齢は29歳だが、平均初婚年齢は33歳である。[*2] スウェーデンは改正親子法（1976年）では、嫡出・非嫡出の概念そのものを撤廃し、88年には同居しているカップルに法律婚とほぼ同等の権利を認めるサムボ（同棲、事実婚）法が施行されている。

類似の制度にフランスで99年に導入されたPACS（連帯市民協約）がある。これは財産の相続権などは認められないが、それ以外は法律婚とほぼ変わらない保障が与えられる制度である。もともとフランスはカトリック国のため結婚も教会での儀式が重視され、離婚は裁判所による煩雑な手続きが必要であったが、PACSの手続きは契約も解消もともに役場に書類を提出するだけと手軽な点が歓迎された。パリの法律婚カップルは8割がPACSを経ての婚姻。ストックホルムの法律婚カップルは9割がサムボ法を経ての婚姻である。参考までに、スウェーデンは合計特殊出生率が1・9近く、フランスは年により2・0を超えるなど、少子化対策の優等生国だ。

それでは、PACSのような制度を日本に導入すれば、出生率は向上するのだろうか。残念ながら、それは疑問である。日本の婚姻は役所に書類を提出するだけという点で、すでに手続きだけならばPACS並みに簡単なのである。それゆえ、若年層の結婚・出産のハードルを押し上げているのは、手続き以上に強固な家族の役割規範といえる。

出生率に関しては、よく「いまどきの日本の若い女性」が「出産したがらない」などと言われるが、そもそも妊娠も出産も女性だけではできない。しかも、女性の平均給与が男性の半分程度というこの国で、重い家事育児負担を背負いながら相応に稼ぐことは難しい……。というわけで、女性は結婚相手に相応の収入水準を求める傾向が根強いのだが、男性はどうだろうか。

それでは、「いまどきの日本の若い男性」目線で結婚を見てみよう。すでに指摘したように、日本では結婚とは子どもを産み育てることと同義だが、第1子出産後女性は半数が無職となる。しかも、結婚・出産を経てなお正社員の地位のまま就業継続する女性は2割強にすぎない。

しかも、正社員であっても子どもがいると女性（25～44歳）の年収水準は、平均で同年齢層で子どものいる男性の4割以下となる。このため男性からすれば、結婚して1～2年以内に子どもが生まれて無収入ないし低収入になる可能性の高い女性を養う覚悟をもって、プロポーズに挑まねばならない。しかも教育費の家計支出割合は先進国でもトップレベルのこの国で、子どもを養っていく必要がある……。

日本の男性の平均初婚年齢は31歳である。総務省「就業構造基本調査」で30代男性の年収を中央値で見ると、１９９７年には一番多かった年収水準は５００万円台だったが、その10年後の２００７年には３００万円台まで低下した。つまり、90年代から２０００年代にかけ、たった10年間で30代男性の年収の中央値は２００万円も下がっているということになる。

これでは、従来の「男性の片働きで妻子を養う」あり方を維持するのは困難だ。このため、現在では男性も若年層ほどパートナーとなる相手には「働いてほしい」という意見が多数派を占める。他方、女性の方はあまりにも重い家事育児負担のため、若年層ほど専業主婦志向の再燃も指摘できる。このミスマッチを埋めるのは、容易ではない。

「逃げ恥」が提起した問題

さて第3章の振り返りでも述べたが、近年では結婚やジェンダーに関して、ドラマや漫画などのポップカルチャーに、フェミニズムが問うてきた問題が反映されるようにもなってきた。典型例が、本章所収の「役に立った『逃げ恥』」でも触れた海野つなみの漫画『逃げるは恥だが役に立つ』（講談社）であろう。２０１２～17年と、続編が２０１９～20年に女性漫画誌『Ｋｉｓｓ』に連載された作品である。

同作は、大学院修士課程で心理学を修めたものの、職に恵まれず派遣社員として働いていたヒロイン・みくりが、冒頭派遣切りにあってしまう。就職活動をしながらアルバイトとして、父のかつての部下・平匡の家事代行アルバイトを始めたが、やがて父の定年退職を機に両親が憧れの田舎暮らしを始めるため自宅を手放すと聞かされる。両親に着いて行くかどうか考えあぐねたみくりは、思わず平匡に家事全般を引き受ける「契約結婚」をもちかけてしまい……というストーリーだ。

2016年にドラマ化され大ヒットしたが、最も話題となったのは、みくりと平匡の間に恋愛感情が芽生え、本当に結婚しようとなったときに「仕事としての家事」が「愛情による無償労働」に変換されることの不条理に焦点が当てられたときだった。

漫画では、平匡はみくりにプロポーズした後、家事労働の報酬は「お互いに定額制のお小遣いにして余った分を貯金」することを提案する。それを聞き、みくりは心の中で「固定給!! 残業代ゼロ法案出たー!!」「結局それって今までと同じ仕事量を少ないお金でやれってことでしょ?」「ブラック企業やないかーい!」と叫ぶのだが、ドラマはもっと端的だった。

なお、漫画では描かれなかったが、ドラマで映ったみくりの家事労働の給与明細は月額19万3000円となっていた。これを平匡に「結婚したら給料を払う必要がなくなる」と言われて、みくりはそれを「『好き』の搾取」と指摘したのである。月額20万円近くの家事労働が、個人的な愛情関係をベースにした途端、「無料奉仕」になってしまうのはおかしくない⁉ というのだ。私はこのシーンを見て、1960年代の第2次主婦論争の眼目となった「家事労働は有償か無償か」の議論を想起させられた。

女性が家事労働を無償で家族に提供すること、これは「愛情の証左」である。それゆえ賃金は派生しない……という問題は、今なお解決してはいない。第2次主婦論争でも、労働経済・マルクス主義の立場から「家事労働は、使用価値は生むが交換価値は生まない」とされ家事労働が無償労働である根拠とされたが、これは交換価値の原理で社会のすべての領域が説明可能という前提からの発想と言える。

さらに根本的な課題は、主婦労働が「有償」だとした場合、その「報酬」はだれが支払うのか？ という点である。コラムでも触れたが、もう少し詳細に検証してみよう。

①「夫」が支払う（「逃げ恥」は当初このパターンであった）

課題：（勤務先の家族手当などで若干の補填はあるが）いくら主婦が高水準の家事労働等を行ったとしても、夫の収入が上がるわけではない。

②ケアサービスの恩恵を受ける当事者（高齢者・子ども・障害者・妊産婦・疾病者等）
課題：そもそも市場での交換価値を生み出すこと（労働市場への参加）ができないか、困難だからこそケアが必要＝交換価値の当事者性を欠く。
③国家
課題：すべての無償労働従事者に労働市場ベースの「給与」を支給することは困難。

以上の点から、家事の有償化はなかなか達成し得ていないが、家事分担を家族の間で平等に分担することは可能なはずだ。だが、なぜ日本ではそれがなかなか進まないのか。

そもそも、外で働いてお金を得る「有償労働」も、家庭内での家事育児などお金をもらえない「無償労働」も、価値としては「平等」だが、市場経済における対価は「不平等」だという問題が根幹にある。

なぜなら、有償労働で得たお金で、無償労働で提供される家事・育児・介護などのサービスは購入可能だが逆は不可能であり（無償労働で有償労働は購入できない）、そこには「交換の非対称性」が横たわっているからだ。

それにもかかわらず、この国では「家事育児は愛情表現」等の交換価値とは別の論理で、「無償で・喜んで（可愛らしく・笑顔で）」労働に従事するのが「正しい女性のあり方」とされてきた。あるいは「正しい」から「無料《タダ》でいいよね☆」になるのだが、「好きの搾取」はこの矛盾を見事についた名台詞であった。

この価値規範が根強いまま新自由主義の浸透を見た日本では、女性の二重負担はますます重くなっていった。女性は旧来の家族観・ジェンダー観に基づき「伝統的家族観を壊さず」「無償で家事育児などケアワークに従事する」ことが大前提のまま、若年層を中心とした男性の総体的な賃金水準低下のため、「家計補助」の必要性から有償労働にも従事することが期待されるからだ。

そもそも、個人や家族単位での「自己責任」を前提とする新自由主義と伝統的家族観は相性がいい。皮肉にも新自由主義は、不自由でガラパゴスなこの国の結婚のあり方を補強しているともいえる。「結婚の自由化」を進めることは、若年層の結婚・出産などのハードルを下げ、少子化対策にも有効となるはずなのだが、依然障壁は高い。

＊1　筒井淳也『仕事と家族——日本はなぜ働きづらく、産みにくいのか』中公新書、２０１５年
＊2　スウェーデン統計局　Statistics Sweden（SCB）Women and men in Sweden 2018 https://www.scb.se/en/finding-statistics/search/?query=Average+age+of+first+marriage&lang=en

第6章　まだ居場所のない男

ポテサラ論争の深い闇

先日ツイッターに、総菜コーナーでポテトサラダを買おうとした幼児連れの女性が、高齢男性から「母親ならポテトサラダくらいつくったらどうだ」と言われるのを目撃した、というつぶやきが投稿された。これに13万件を超えるリツイートがつき「ポテサラ論争」と呼ばれ、話題となった。

「母親なら」手間を惜しまず手作りの料理を用意すべきだという通念に対する反発と、ポテトサラダという一見簡単だが意外に手間のかかる総菜を、それ「くらい」と見なす男性の家事見識のなさへの批判などが目立った。

筆者はこれを読み、子どもが2歳のころ遭遇した場面を思い出した。子どもをショッピングカートに乗せ、スーパーのATMに行ったときのこと。狭いためカートを横に置けず、後ろに置いて操作していた。そのほんのわずかな時間、子どもが私に抱きつこうとカートからはい上がってきた。気配に気づき子どもを抱き留めたが、カートは倒れそうになり、子どもは泣き出した。そのとき「何やってるんだ、ちゃんと見てろ!」と、後ろに並んでいた高齢男性に怒鳴られた。

後ろ向きでものを見るのは極めて困難である。昔イチロー選手の守備で、打球に背中を向けて走りながら華麗に追いつきキャッチしたのを見て感動した覚えがあるが、母親業はイチローレベルの反射神経がなければ務まらないのか。

周囲の女性たちの間でも、子どもがぐずっていたらうるさいと怒鳴られた、子連れで歩いていたら「母親のくせに化粧なんかしやがって」と言われた、などの話を耳にする。新型コロナウイルスによる「自粛警察」横行以前から、この国の母親たちは周囲の「正しい母親たるべし」というまなざしの「取り締まり（ポリシング）」に遭ってきた。

正義を盾に子連れの女性に説教してくる相手は、聞く限り高齢男性が多い。男性が上から目線で女性に説教することを「マンスプレイニング」というが、その一環だろう。ただ母親たちに聞いたところ「注意する方も本気でそう思っているというより、正義を振りかざして構ってほしいのでは」との意見もあった。

たしかに日本では、各種統計調査に鑑みても「母は家事・育児の要求点数が多く大変」だが「高齢男性は人間関係が希薄で孤独」だ。彼らが怒鳴ることでしか他人と接点を持ち得ないとすれば、その闇は深い。

（2020年8月10日）

退職後の「夫不要論」 日本社会の問題うつす

あれはまだ、息子が乳児のころ。デパートのオムツ交換所で居合わせたお母さんと赤ちゃんのところに、5歳くらいの男の子が駆け込んできて言った。「お母さん、ゴキブリが来たよ！」 え！ ゴキブリが出たの？ と思ったら、すぐ後にお父さんらしい人が現れた。ああ、この母子は、お父さんのことを陰でゴキブリと呼んでいるのか……。じわじわと、背中が寒くなった。拙書『「居場所」のない男、「時間」がない女』を書こうと思ったきっかけも、ふと聞いた中高年女性たちの噂話だった。「あそこの旦那さん、定年退職直後に亡くなったんですって！」と1人が言い、他の女性たちが「んまあー！」と声を上げるので、次に「お気の毒に！」が来るものと思ったら、異口同音に「うらやましい！」「理想的！」と来て、驚愕したのである。これは特殊事例なのか、それともこの国の女性たちにある程度共通する気分なのか、検証する必要を感じた。

この種の本音は統計調査では測りにくいが、メディアを分析すると流行語などには「夫不要論」が目立つ。たとえば、タンス用防虫剤ＣＭコピーで流行語部門・銅賞受賞となった「亭主元気で留守がいい」（１９８６年）、同年新語部門・表現賞受賞の林郁「家庭内離婚」、退職後の夫が妻に張り付いてきて邪魔だという樋口恵子「濡れ落ち葉」（89年）、同年同様の意味の「わしも族」。深刻なのは黒川順夫「主人在宅ストレス症候群」（93年）で、夫と一緒にいることが原因で妻が体調不良を引き起こす現象を意味する。

男性からすれば「身を粉にして家族のために働いているのに、何たる理不尽」ということになろう。だがその長時間労働と、男女で職場と居住地に分離した生活スタイルこそが、問題の根幹にある。先日東京ウィメンズプラザ主催で開かれたワーキングマザー対象のワークショップで印象的だったのは「夫は死んだものと思っている」という参加者の意見だった。夫に家事分担を期待しても無駄。だったら最初からいないものと考えたほうがいいという、切実な事情が透けて見えた。この現実が男性には見えていない点も問題だ。この国の働き方・暮らし方は、本当に、何かがおかしくはないだろうか。

（2016年3月5日）

この国の男性問題　いつまで放置？

男性学が専門の田中俊之さんから、著作『男が働かない、いいじゃないか！』をいただいた。８歳の息子に「このタイトル、どう思う？」とたずねると、「男が働かなかったら、子どももご飯が食べられないし、家庭が崩壊するんじゃないかな」とのこと。「でも、大きくなってとにかく働かなきゃ駄目！　それ以外に人生の選択肢はないって言われるの、つらくない？」と聞くと、「つらくないよ！　男が働くのなんか、当たり前だろ」と言う。なるほど、女児は幼い頃からときに抑圧的ともいえるような女性らしさ規範を内面化し行動やライフコース選択にも影響を及ぼすが、男児もまたこのように、男性役割規範を早くから内面化するらしい……。

この国で、男性の「就労第一主義」は根強く、男女とも「結婚後の家計は夫が担うべきだ」との意見に賛成する割合は7割超との調査結果もある。もちろん、働きたい人が働けるだけ働くことには、異論の余地はない。ただこの国の「ケアワークを妻に丸投げして仕事にまい進する」男性標準労働者モデルからは、今後とりわけ男性に顕著な生涯未婚率上昇と高齢化の進行により、「規格外」となる人の増加が予期される。介護離職も深刻だ。

明治安田生活福祉研究所・ダイヤ高齢社会研究財団調査（2014年）によれば、正社員から介護理由で離職した40歳以上男女のうち、転職後も正社員で働き続けている男性は3人に1人、女性は5人に1人。年収も男性4割減、女性は半減となっている。介護などケアワークを抱えれば誰でも「二流労働者」となる脆弱な社会の根幹には、旧来の男性ジェンダー規範が横たわっていないだろうか。

現在、参院選を目前に各政党の政策を比較検証している。大枠で長時間労働是正やインターバル規制、女性の就労と育児の両立支援を訴える文言は多いが、現行の男性の就労第一主義のもたらす弊害について、真正面から取り組む姿勢を示す政党が見られないのは残念だ。たとえあっても、女性の社会参加促進の「ついで」のような印象である。この国の巨大すぎてかえって見えない「男性問題」は、実は社会問題の「本丸」かもしれない。

（2016年7月9日）

草食なのはだれ？　家事責任、男性に重圧

今週はバレンタインデーがあり、チョコレートを買う女性たちの姿が目についた。「最近は女性も恋愛に積極的なので、もはやバレンタインデーは不要」などと言われるが、現状はどうだろうか。国立社会保障・人口問題研究所「出生動向基本調査」（２０１５年）では、異性の交際相手なしと回答した未婚者は男性で7割、女性6割と、日本の若年男女は恋愛に関し不活発だと度々指摘される。交際に魅力を感じる人も少なく、内閣府「少子化社会に関する国際意識調査報告書」（15年度）では、「交際することで人生が豊かになる」と考える日本人は42・8％。スウェーデン人（91・3％）の半分以下だ。

「草食」などと揶揄《やゆ》される日本人男性だが、本当に恋愛に消極的なのだろうか。「気になる相手には積極的にアプローチをする」と答えた人の割合は、日本人男性で25・9％だが、実はフランス人男性（22・5％）、英国人男性（22・9％）より高い。一方、日本人女性は、自分からアプローチすると答えた人は12・8％と、最多のスウェーデン人女性40％と比べて極端に低く、「草食」傾向が際立っている。「相手からアプローチがあれば考える」と答えた人は、日本人女性45％と他国に比べて「受け身」の度合いが突出して高いのも特

徴だ。

興味深いことに、「交際相手との結婚を考える」のは日本人が最多だが、未婚者に結婚していない理由を尋ねると、とりわけ男性は「経済的に余裕がない」が多い。日本人は同棲割合も低く、法律婚と同居開始がほぼ同時。他国は結婚前に同棲を経ることが珍しくなく、結婚・同居・出産タイミングがばらばらである。また、日本では「出産=結婚」の意味合いが強いが、今なお第1子出産後に約半数の女性が離職し男性の家計責任への期待値も高い。つまり日本人男性は、恋愛に「受け身」で出産したら無収入になる可能性もある日本人女性を前に、子どもが生まれても大丈夫な程度の住居の用意と妻子を養う覚悟を背負い、プロポーズに挑むことになる。昨今は地方自治体の結婚支援事業も盛んだが、この男性の重圧の軽減は、出会いの提供以上に「男女のギャップを埋める」ために必要ではないだろうか。

（2017年2月18日）

芸能人の不倫、大々的に報道　イクメンの理想と現実

年初に俳優の東出昌大さんと唐田えりかさんの不倫報道がメディアを席巻した。ネット上では特に女性からの批判が目立ったが、背景には「良き夫・良き父」のイメージで売っていた東出さんが、実際には妻の妊娠中から子供の世話は妻任せで、長期間不倫をしていたことへの失望があるように見える。

本件は「偽イクメン・なんちゃってイクメン問題」に抵触したことも大きかったのではないか。これは夫がイクメンをアピールしながらも、妻から見れば気が向いたとき・余裕があるときだけしか育児参加せず実質的には妻任せの残念な夫を意味する言葉である。

ウェブマガジン「ママテナ」の調査では、夫を「なんちゃってイクメン」だと思うと答えた妻は5割に上る。近年奨励される男性の育休も、実際は「家事育児スキルの低い夫がただ家にいるだけで、妻の負担が増える」などという悲痛な意見を散見する。イクメンの「理想」と「現実」は、なぜこんなにも違うのか。

育児に積極的に参加する男性を意味する「イクメン」の語が使われ始めたのは2000年代のこと。育児に参加したいと考える男性は増加傾向にあり、内閣府の「女性の活躍推

進に関する世論調査」(2014)によると、男性の6割が男性の家事・育児参加を「当然」と回答している。

だが家事・育児を妻と平等に分担する男性は、まだまだ少数派だ。男女共同参画白書(令和元年版)によれば、1日当たり行動者率で見ると6歳未満の子供を持つ家庭で共働き世帯の夫は8割が、妻が専業主婦の夫は9割が家事をしない。「育児」の方は、妻の有業無業を問わず7割がやっていない。1日当たりの家事・育児関連時間は夫が平均1時間23分と、妻の7時間34分と比べて極めて短く、他の先進諸国の男性の半分程度の水準である。

現状では「イクメン」の理想はまだまだイメージ先行といえるが、望ましい男性像として大いに奨励されるため、各企業もイクメンのイメージを持つ東出さんのような俳優を好んでファミリー消費市場向けCMに起用する傾向がある。冒頭で述べた不倫への激しい批判は、このイクメンをめぐる理想と現実の落差を露呈してしまったがゆえの「悲劇」だろうか。個人的には、たとえイメージ先行であっても、現実が追いつくための布石となることを願って止まない。

(2020年2月17日)

続く組織腐敗の騒動

不正融資問題から明らかになったスルガ銀行のパワハラ横行の実態――。筆者は山崎豊子の組織小説の劣化版を読む思いがした。

いや、少し前から連続ドラマシリーズのように、組織的な偽装やパワハラ問題は、メディアを席巻している。3月は日本レスリング協会のパワハラ問題、5月は日大アメフト部悪質タックル事件、夏以降は東京医科大の女子受験生の得点操作による合格者抑制事件と日本ボクシング連盟前会長の権力乱用事件、そして体操女子のパワハラ告発をめぐる騒動と、毎月のように話題の種は尽きない……。

一連の組織腐敗事件の背景にあるのは、コンプライアンス（法令順守）の欠落、悪しき現場主義、それらを生む土壌ともなる「家族主義」的な日本社会の負の側面である。「家族主義」的な社会とは、家族的価値や規範が家族の外部にも適応されやすい社会を意味し、公的な組織の秩序もまた、「家族」的であることがよしとされる特性をもつ。

こうした組織の問題は、しばしば上下関係や師弟関係が「家族」や「親子」関係を暗喩とした「無条件的な服従」を前提とするため、客観的な批判や問題解決などの自浄作用が機能しにくい点と指摘される。権威も属人的となり、人情的情緒的に表現される傾向があるため、パワハラもパワハラとは認識されずに、「愛の鞭《むち》」や「必要悪」などとみなす「現場の空気」が支配的となる。

現在産業界で求められている「ダイバーシティ（多様性）」推進にも、このような特性は障壁となっている。組織内での権威への無批判な同調や、既存の慣行を保持するため合理的な批判を許さない職場風土は、異質な成員を許容し得ないからだ。性別、年齢、国籍を問わず、誰もが公正に評価され、能力を発揮し、かつハラスメントの横行を防ぐためにも、この社会の負の側面とは決別すべきだ。

まさにこれらの解決策が、コンプライアンスといえる。惜しむべきは、この単語を「法令順守」と訳した瞬間、必要以上に堅苦しく権威的に響くなど、適切な訳語に恵まれない点だ。組織の公正な評価体系や意思決定過程を守り、腐敗を予防し、問題の自浄作用をうながすためにも、「日本の組織にはなじまない」「画に描いた餅」などと一蹴せず、普及に努めたい。コンプライアンスの欠落した組織の末路は、もう十分に見過ぎたではないか。

（２０１８年10月１日）

振り返り

放置される「男性問題」

「女の幸せ」と「男のロマン」

以前『平成幸福論ノート』(光文社新書)を執筆する際、さまざまな幸福に関する統計や言説を参照したことがある。このとき、「幸せ」をめぐる言説には大きな男女差があると実感した。

ワークショップなどでも、「幸福」をイメージするものについて参加者に答えてもらうと、たいていはまず「充分なお金」と「健康」、次に「やりがいのある仕事」があげられるのだが、「女の幸せ」を尋ねた途端、異なる答えが返ってくる。「結婚」「家族の笑顔」「子どもに囲まれる」「幸せな家庭」などがその代表だ。

思うに、「人間の幸福」は一人で得られるが、「女の幸せ」は一人では達成不可能なものばかりである。「結婚」「夫」「子ども」が揃わないと、「女の」幸せは達成できないという世間の目は依然根強い。

使用例として、

「○子ちゃん、仕事もいいけど、あんまり仕事ばっかりやってると、女の幸せが遠のくよ」

という（これは職場で同僚に言ったらセクハラだと思うが、おそらく日常的に不用意に使用されるであろう）言説で使用される「女の幸せ」は、すなわち「結婚」の暗喩である。

では、男性はどうだろうか。

慣用表現として男性に、

「○郎君、仕事もいいけど、あんまり仕事ばっかりやってると、男の幸せが遠のくよ」

とは、あまり言わない。というか、むしろ結婚したらますます「がんばって仕事しないといけないな！」的な声かけがあると思われる。

慣用表現として、「女の幸せ」のように使用される男性用語はあるだろうか……と考えて、それは「男のロマン」ではないかと思い至った。そこでワークショップで参加者に「男のロマン」と聞いてイメージするものについて尋ねてみた。多く見られた回答は、「仕事に邁進」「起業して成功」「仕事でまだ未開拓の領域を切り開く」「巨大な組織に一人で立ち向かう」……等々。どうやら、「男のロマン」は「女の幸せ」とは１８０度異なり、むしろ一人でないと達成できないイメージらしい。しかもたいていは、仕事がらみだ。

「働かない／働けない男性」に厳しい社会

つくづく、男性のライフコースも望ましいイメージも「仕事」一択で、ほぼ「仕事をしない」という選択肢がない。それどころか、男性の無職者に対しては女性以上に風当たりも強く、「穀《ごく》潰し」「犯罪予備軍」などの心ない言葉が浴びせられることも珍しくはない。

男性が働かないことは、そんなに悪いことなのか。そういえば、ロシアのノーベル文学賞詩人ヨシフ・ブロツキーは、旧ソ連時代に定職に就かない有害な「徒食者」として逮捕され強制労働5年を言い渡されたことがあったが、日本ではどうだろうか。

日本の軽犯罪法には「浮浪の罪」がある。これは「生計の途がないのに、働く能力がありながら職業に就く意思を有せず、且つ、一定の住居を持たない者で諸方をうろついたもの」と規定されるが、要するに「働けるはずなのに働かずホームレスになってうろついていたら逮捕」となる。

適用事例は少ないが、たとえば2007年に奈良県で40代の住所不定無職の男性が、同法により逮捕されたときは話題となった。もっとも最終的に男性は、乗っていた車の中に「求人雑誌」があったという事由で無罪になったという。

女性が同法適用になった事例は、調べた限り見当たらなかったのだが、そもそも日本ではホームレスの9割超が男性である。これは「最貧困に陥ったとき、男性にお金や居場所を保障してくれる施策や施設がほとんどない」点とも関連するように思う。

まず所得保障をしてくれる公的扶助は、日本では生活保護一択である。だがこれは、高齢者世帯、障害者世帯、母子世帯などが中心で、奈良県で逮捕されたような「働き盛りの年齢の健康な男性」は給付対象にはなりにくい。

さらに、女性向けにはDV夫から逃げてきた人を匿うシェルターや、子連れの女性を匿う「母子寮」などはあるが、成人男性を一時保護してくれる施設もほとんどない。

男性が「働かない／働けない」ことに関しては、当人の心理的な負担も大きいことも推測できる。たとえば、引きこもりは7割が男性だが、意識調査では引きこもりに対し厳しい意見をもつのも男性が多い。男性の方が女性よりも失職などで「社会的立場を失う」とそれだけ社会復帰のハードルが高くなってしまうのも、このような社会通念が背景にある。

たしかに日本では、男性の平均給与は女性の倍で、管理職者も圧倒的に男性が多く、就業の場では依然女性より圧倒的に優位である。だがそのことと、男性は「仕事を失うとすべてをなくすリスクが高い」問題は表裏一体である。男性の社会的立場の保持欲求や出世競争のような階位争いへのプレッシャーの高さも、これらと密接に結びついているのだろう。

私見では、この国で男性は仕事などで社会的な地位獲得をめぐり「敗北」を許されないプレッシャーが強いが、女性は人生の選択肢（仕事・結婚相手・子育て等）において「失敗」を許されないプレッシャーが強い。それらは強固なジェンダー規範の証左でもある。

一昔前なら、男性も女性もこれらに関し「自己責任」を問われることは、相対的に少なかったのではないか。たとえば高度成長期の日本では、年率9％を超える高い経済成長を背景に若年男性の雇用の受け皿は今より潤沢であったし、年々確実に（そして就業年数に応じて一斉に）上がっている給与は、個々人の優劣の差をそれほど露わにはしなかった。これは女性からすれば、相応に働いている男性と結婚しさえすればライフコースに大差はなく、大きな問題も起きないということでもあった。

結婚像の変容

日本の高度成長期の大きな特徴には、「経済成長と国民生活の標準化が同時並行に起きた」点があげられる。だが1990年代以降、これらは解体の一途を辿っている。産業構成比も大きく変わり、雇用の中心は第2次産業から第3次産業に移り、若年男性の収入水準も下がってきている。非正規雇用など不安定雇用も増え、いわゆる年功序列賃金体系の中に収まる人も相対的に少なくなった。

他方で、若年でも高収入になる人も少数ながら現れ、旧来の「国が豊かになれば、国民もまた一斉に豊かになっていく」という幻想も解体した。経済学者のアンガス・ディートンによれば、近年新興国の経済成長はむしろ国内での経済格差を拡大させているという[*1]。

一方日本の戦後昭和の高度成長は、政治・経済・国民生活の三位一体化を見た奇跡的な成長モデルであったともいえる。経済成長の牽引車となったのは、製造・建設などの第2次産業だが、これは長期継続雇用と年功賃金が適合的な産業でもある。とりわけ製造業は、若年未熟練従業員を雇用し熟練工になるまで雇用した方が企業にとっても利益になり、雇用される側も安定雇用を得ることができた。賃金水準も中位でありかつ年功賃金のおかげで年々上昇が期待できた。

ただ第2次産業は男性を重用する分野でもあり、かつ女性が定年まで継続就業できる職種は限られていた。このため、女性は結婚・出産を経て離職するのが一般的であり、言い換えれば「男性片働き」就業モデルのため、世帯間の所得格差は小さく抑えられる効果をもたらした。

ところが、昨今では女性の就業率も上昇し、男女ともに自分と同水準の学歴・職業水準・近い年齢同士の相手をパートナーに選ぶという同類婚志向も高まりを見せている。これにより、高水準職・高収入同士のパワーカップルと、低収入同士のウイークカップル同士の格差も指摘される。[*2]

このように、「結婚の内実」は一世代で大きく変わった。だが、期待される結婚のあり方は、第5章の振り返りでも見たように変わらないままである。これらの矛盾を埋めようとすれば、若年層を中心に男性も女性も時間的・経済的・心理的負担は相応に重くなるのは必定といえる。

私は戦後日本社会の結婚を、大枠で3つの時代に区分している。

①因習の時代（戦前から1960年代前半までのお見合い結婚が多数派を占めた時期）

家父長制のもと、家ならびに家産を存続するために結婚が行われていた時期。個人同士の結びつきよりも家同士の結びつきが重視されていた。

②習慣の時代（60年代半ばから80年代までの時期）

家制度が解体し、恋愛結婚が多数派を占めるようになったが、地域コミュニティや親戚同士のネットワーク、さらに何と言っても会社における職場縁が強固であり、事実上多くの若年層が周囲の年長者からの介入によって「御膳立て」されて結婚していった時期。70年代は30歳以上の人は9割が結婚しており、結婚するのが当然な「皆婚時代」であった。それゆえ結婚とは習慣のように「誰もがするのが当たり前」なものとみなされていた。

③趣味の時代（90年代以降）

結婚が本格的に自由市場化し、生活スタイルの個人化も進行し、地域コミュニティや家族世帯単位も縮小し、職場でも互いにプライバシーに介入することがタブー視されるようになるなど、集団の紐帯《ちゅうたい》が弱体化していった時期。80年代以降の消費社会の成熟を背景に、結婚が「必需品」から「嗜好品」になっていった時代でもある。個人の自由や自分らしさを謳う消費社会の最中、結婚や家族形成は旧態依然とした不自由なあり方を固持しているため、結婚のハードルが上がった時代ともいえる。

このように考えると、90年代以降は結婚に関して周囲の御膳立て（という名の介入）が減少し、結婚にメリットを見いだす人しか結婚に踏み切れなくなっていったのも当然であろう。

日本の少子化や婚姻率低下などに関し、「いまどきの若い人は結婚に消極的」「最近の若い男は女性とつきあえず、情けない」などと嘆く中高年の方々には、どうかご理解いただきたい。

かつての「皆婚時代」、結婚はロールプレイングゲームで言えば難度の低い「イージーモード」だったのだ。何しろ、プレイヤーは最初からミスリルの鎧のような「堅強な武具（安定雇用）」を身につけ、周囲は「しんせつなむらびと（近所の世話焼きおばさんや若手社員を結婚させようと手ぐすねを引いて待っている上司など）」で溢れ、ダンジョンを一つか二つ制すれば「クリア」できるゲームだった（結婚相手とのおつきあい年数は平均2年程度だった）。

これが2020年代の現在は、「ハードモード」ないしは大変すぎて「レジェンド・モード」になっているのである。プレイヤーは不安定雇用も増え若年層ほど昇給も鈍化するなど、武具で言えば一向に「たびびとのふく」や「なべのふた」からアップデートできずにいる。「しんせつなむらびと」は消え、制覇すべきダンジョンの数も増え（結婚に関しパートナーと擦り合わせるべきことがらも増えた）、しかも迷路は入り組み巨大になっている（ライフコースが複雑になっている）。このためクリアまでとても時間がかかるようになった（結婚する相手との平均おつきあい年数は4年を超えている）。投入した時間やお金などがそのまま「クリア（婚姻）」に結びつくかどうかは未知数で、しかも、せっかくクリアしてもデータが「強制消去（離婚）」になるケースも増えた。

結婚とは、そこまでしてクリアしなければならないゲームなのか。仕事や勉強ならば投入した時間やお金は相応に成果をもたらすことが期待できるが、結婚は異なる。とりわけ、一人単位での行動で充足できる、仕事が楽しくやり甲斐がある、趣味を大事にしたい……等の志向性がある人にとって、結婚とは「時間とお金を際限なく吸い取られる上、効用が微妙なクリアに値しないゲーム」となる。

女性にとって結婚とは自由になる時間をひたすら奪われることだが、男性にとっては個人的な趣味縁（すなわち人間関係）を失うリスクが高い点も指摘できる。拙書『「居場所」のない男、「時間」がない女』（日本経済新聞出版、後ちくま文庫）で指摘したことの延長線上にある問題だが、男性は結婚すると家計維持の責任が重くのしかかるため、事実上職場と家庭の往復以外の「趣味縁」を維持することが困難になってしまう。

「まだ結婚できない男」問題

以前、未婚者のうち「いずれ結婚する気がある人」と「結婚したくない人」との志向性の差を調査したとき、明確な差が見られたのが「趣味が大事」という項目であった。結婚したくない人は、する気がある人に比べてはるかに趣味を大事にするというスコアが高かったのである。

さらに、他の未婚者対象のインタビュー調査で明らかになったのだが、濃い趣味をもつ人はやはりそれに付随して濃い趣味縁をもっている人が多い。逆に言えば、結婚によって趣味に割ける時間を失うことは、それに付随する人間関係を失うことを意味する。たかが趣味と思われるかもしれないが、これは仕事と家庭以外の人間関係を失うことにも結びつくため、切実な問題といえる。

このような背景から、第5章でも参照した社人研「人口統計資料集」によれば、「50歳時未婚率（50歳時点で一度も結婚していない人の割合）」は、1990年時点で男性5・57％、女性4・33％だったのが、2015年には男性23・37％、女性14・06％と急増している。

ちなみにこの「50歳時未婚率」は、2017年ごろまでは「生涯未婚率」と呼ばれていたが、現状にそぐわないとのことから使用されなくなっている。

この現状を反映してか、第5章所収「生涯未婚率名称変更のわけ」でも触れたドラマ「結婚できない男」は、第1シーズン（2006年）では主人公の建築家・桑野信介は39歳から40歳になるところで周囲から結婚を期待されていたが、第2シーズン「まだ結婚できない男」（2019年）では53歳となり、もはや周囲からはシングルが板についた人物として認知され、マイペースさにも磨きがかかっていた。ただ、第１シーズンでは40歳の微妙（？）なお年頃の男性が、ヒロインの女医とくっつきそうでくっつかないじれったさや、結婚するのかしないのかのドキドキ感からか最高視聴率22％をたたき出したが、第２シーズンは関東では初回15・７％でスタートしたものの最終回は９・７％と落ち込んだ。個人的には第２シーズンは阿部寛演じる桑野信介の変人っぷりを愛でる作品として大いに評価しているのだが、ストーリーに動きが乏しい点が災いしたのだろうか。

桑野信介を見ていると、私は古代ギリシャの自然哲学者・タレスを想起させられる。彼は母親に早く妻をめとるようせっつかれたとき、「まだその時ではない」と答えたが、それから年月が経って再度せっつかれたときには「もうその時ではない」と答えたそうである。

53歳が「まだ」なら、「もう結婚できない男」になるのは、いつの日なのか。個人的には、何歳になっても結婚したい人は結婚すればいいし、したくない人はしなくてかまわないと思うのだが、「結婚＝出産」規範の根強いこの国で、高年齢未婚者への偏見は根強い。

個人的には、誰もが「自分らしさ」を損なわず、規範的な結婚観にもとらわれることなくパートナーシップを創り、出産や育児が出来る社会へと転換することを願って止まない。

＊1　アンガス・ディートン著、松本裕訳『大脱出――健康、お金、格差の起原』みすず書房、2014年
＊2　橘木俊詔・迫田さやか『夫婦格差社会――二極化する結婚のかたち』中公新書、2013年

エピローグ

日本でダイバーシティを実現するために

本書をまとめる過程で、改めて日本でダイバーシティが進まない原因を考えさせられた。第1章でも指摘したように、最大の阻害要因は政治部門であることは間違いない。まずは、日経新聞掲載コラムをご参照いただきたい。

多様性に欠ける永田町　女性参加で課題の見える化を

2020年は新たに菅義偉内閣が誕生した。前政権で目玉政策の一つであった「女性活躍」は結局、目覚ましい前進があったとはいいがたい。発足当時から掲げていた20年までに指導的立場に立つ人の3割を女性にするという目標は達成が見通せなかった。

菅内閣に代わってからも、閣僚に占める女性はたったの2人と前政権からさらに後退。「永田町の女性活躍」は、明らかに後れを取っているといわざるをえない。

日本の場合、ジェンダーギャップ指数はG7の中でも最低で、マイナス要因は第一が政治、第二が経済だ。意思決定の場が著しく男性偏重であり、ジェンダーセグリゲーション（性別分離）が強固な国であることの証左となった。

管理職も衆院議員も全体に占める女性が1割という現状は、端的に「意思決定の場にいるのは9割が男性」という状況を示す。よく「適任者を選出したら男性しかいなかった」といわれるが、とりわけ日本の政界人事は派閥間の利害のすり合わせが眼目。先例順守と順番待ちを重視すれば、おのずと「新参者」の女性には不利となろう。

政治学者の前田健太郎氏は『女性のいない民主主義』（岩波新書）で、「権力の三つの次元」すなわち権力には目に見えて争われる権力闘争の次元のみならず、その背後には問題を争点にすることを防ぐ第2の次元、さらには当事者すら問題の所在に気づかないよう隠蔽する第3の次元が作用しているとの説を引き、この国で女性の政治参加が進まない理由を詳解している。

政治決定の場に女性がいないということは、単に女性向けの政策が進まないだけではない。これまで問題視されてこなかった課題が争点化される機会を阻むことにもつながる。ジェンダーのみならず、マイノリティの問題は「問題視すらされないこと」の方に多く潜んでいる。

利害すり合わせ型の日本型政治は意思決定の多様性とも極めて相性が悪く、危機対応に関しても阻害的に作用する懸念がある。女性閣僚・議員が少ないというのは、この国の政治決定過程における欠落の氷山の一角にすぎない。

2020年はコロナ禍で、ダイバーシティが浸透しない原因から結果までが高速で展開するのを目の当たりにした。今年は危機に即応した変革が進むのだろうか。

（２０２１年１月４日付）

だがコロナ禍の危機は、社会の改変を進めるよりもむしろ旧態依然とした意思決定のあり方を見せつけるようであった。正直言って愕然としたのは、森喜朗前東京オリンピック・パラリンピック組織委員会会長による「女性蔑視」発言とそれによる辞任に至る一連の騒動である。さらにもう１本、その時書いた日経新聞掲載コラムをご高覧いただきたい。

女性蔑視発言で見えたこと　権力集団の均質性保持志向

森喜朗前東京五輪・パラリンピック組織委員会会長の「女性蔑視」発言から辞任に至る騒動は、改めてこの国のダイバーシティをめぐる課題を浮き彫りにした。

海外メディアは日本社会の女性差別を象徴する発言として報道した。一方、国内報道は当初反応が分かれた。新聞はおおむね批判的だったが、テレビのワイドショー番組などでは「高齢だから仕方ない」「功績は評価すべきだ」などの意見も散見した。

経済界からの反応もまちまちだった。経団連の中西宏明会長は森発言について「日本社会の本音が出た」「SNS（交流サイト）は恐ろしい」といった印象を語ったが、トヨタ自動車など五輪スポンサーは相次ぎ「自社の価値観と異なる」などと遺憾の意を示した。

これらグローバル企業ではジェンダー平等への配慮はもはやビジネスの「常識」となっている点や、消費者の不買運動警戒などが背景にあったと考えられる。

私見では、森氏発言に関する反応は女性差別意識のリトマス試験紙だ。旧来の「国内」で「高齢男性」中心の意思決定に違和感を持たない層ほど、擁護に回る傾向が顕著だったからだ。

つくづく永田町の時計は「世界標準」から大幅に遅れている。森氏発言に対し「女性理事を褒めている点は評価すべきだ」との意見も出たが、私見ではこの部分にこそ日本でダイバーシティーが進まない要因が集積している。

権力者が異質な他者を新規メンバーに受け入れるとき「彼ら（この場合女性）は一般的に望ましくない（話が長い）が、あなた（組織委員会の女性理事）はそうではない（権力者の意向を「わきまえて」いる）から認める」というのは、マイノリティの「分断統治」話法に他ならない。

男性社会に順応し「男性並み」の特別待遇を認められた女性を、かつて南アフリカ共和国で行われたアパルトヘイト（人種隔離）における「名誉白人」になぞらえて「名誉男性」という。森発言は女性一般と一部の「名誉男性」を引き離し、後者のみを容認することで旧来の権力集団の均質性保持を志向するものだ。

森氏の後任は橋本聖子氏に決定した。大臣を辞任し自民党を離党しての就任だが、その選出過程は不透明だ。委員のお眼鏡にかなう「名誉男性」が他にいなかった、などという理由ではないことを心より祈る。

（2021年3月8日付）

権力者ほど本音ではダイバーシティを敬遠

森発言については、まるで神が、日本のアンチ・ダイバーシティのアイコンを示してくれたような気持ちになり、脱力感を覚えた。

ゲームで言えば、ラスボスを攻略する方途を考えつつ、がんばって中ボスを攻略しつつ戦闘パーティの仲間のレベルアップに勤しみ、装備を調えてよしがんばるか！　と思っていたら、うっかりゲーム展開のネタバレを聞いてしまい、ラスボスを倒した瞬間に前作のラスボスだったキャラが呼び出されてきて今回のラスボスと合体して三段階変化しつつ超強力になって襲ってくるからラスボスへの準備だけではクリアできないよあと3倍は時間をかけないと無理だよ、的な情報を聞いてうちひしがれながら、「この戦いは永遠に勝てないんじゃないだろうか、初回プレイはノーマルモードじゃなくてイージーモードにしておけばよかったよ、とほほ……」というような感慨を覚えた。おそらく、読者のみなさまにはかえって分かりづらいたとえ話になってしまったとは思うのだが、そうとしか表現しようがない。

ことほど左様に、日本でダイバーシティを浸透させるのは難しい。そして、「森喜朗」は根強い。この場合の「森喜朗」とは、個人名というよりは日本型権力決定機構の集合体である。もちろん、現実の森喜朗氏の失言から彼が辞任に至る一連の騒動には呆れたが、問題の核心はそれだけではない。森喜朗が森喜朗であり続けることを容認してきた日本社会の構造的問題を、今こそ真剣に考えなければならないと再認した。

周知のように森氏は、日本オリンピック委員会の臨時評議会で、「女性がたくさん入っている理事会の会議は時間がかかる」ので、「発言時間を規制すべき」だが、同委員会の女性理事たちは話も「的を射て」おり「わきまえて」いるとの見解を述べ、国内外で批判を浴びた。

海外メディアは日本社会の女性差別を象徴する発言として報道した。この種の問題が起こるたびに、外国では「日本はジェンダーギャップ先進国最低水準の女性差別の国」とテンプレで報じられるのだが、日本ではその事実はあまり語られていないように思う。

いや、たとえ海外から日本社会の構造的な女性蔑視問題を現状を指摘されても、それらの声は本当の意味で日本の意思決定の場には届かない。そこには、「どうせ外国人の言うこと」、「日本人の感覚とは異なる」、さらには「うちでは妻の発言権の方が強いのに」等の感覚がこびりついている。日本の女性は、たしかに私的な場では家族に対して「強い」人もいるかもしれないが、それと公的な意思決定の場で意見が尊重されるのかは別問題であるはずだ。

つくづく日本では、「公式な意思決定の場に女性がいない」という問題が、真剣に問われることが今なお少ない。

「#わきまえない女」が示すもの

森発言をめぐり、ネット上では日本版#MeTooを彷彿とさせる「#わきまえない女」とする森発言批判の書き込みが多数見られた。私見では、日本の女性たちの大多数は、森発言的な「場を支配する声」に圧殺された経験があるように思う。権力者の意向を汲まねば物事が動かない事態に、「わきまえる」というよりは、「あきらめてきた」のではないのか。この怒りや失望は根深い。

エピローグ所収「女性蔑視発言で見えたこと　権力集団の均質性保持志向」でも書いたが、テレビのワイドショー番組などでは、森氏は「高齢だから仕方ない」「これまでの功績は評価すべき」「他に五輪を統括できる人材がいない」等、森氏を擁護する意見も散見した。印象的であったのは、擁護に回るコメンテーターはいずれも困ったようににやにや笑いを浮かべながら、言外に「みなまで言うな」「分かるでしょ」的な身振りであった点だ。

彼らは共通して、「女性差別はたしかに良くない」が、「それを気にしていたら、物事は進まない」のだから仕方ないと言わんばかり。いったいこの巨大な人権問題を放置してまで、彼らが、いやもっと言えばこの社会が守ろうとしている「森喜朗的なるもの」って、何だろう……、と考え込んだ。

おそらく森喜朗的なオールドスタイルのおじさんは、どこの組織にもいる。意思決定の場には女性や外国人のような「異物」はいない方が「話が早い」と思っていて、「自分のミウチ」にならなければまともに相手にはしない、そんなおじさんである。

「謝罪会見の森喜朗」もひどかった。耳の痛い質問はがんがん遮り、個人的に普段から親しくつきあっているらしき記者には打って変わってにこにこ対応。ああ……、こういう風に「懐に入って」ミウチ認定してもらわねば、まともに取材をさせてやらない的なスタンスで、ずっとやってきたんだな……、という雰囲気が充満していた。これでは、まともに政治報道などできないのではないか。少し背筋が寒くなった。

経済界の反応も、まちまちであった。コラムでも指摘したように、経団連の中西宏明会長は「SNSは恐ろしい」などと印象を述べたに留まった。一方、五輪スポンサー企業であるトヨタ自動車、ブリヂストン、キヤノン、三菱電機等は、「女性蔑視」「自社の価値観と異なる」等と批判的見解や遺憾の意を表明していた。

人種、ジェンダー、障害の有無などに関する差別意識の撤廃は、もはやグローバルビジネスの「常識」である。人権意識を欠くと判断された企業は外国人投資家から敬遠されたり、消費者の不買運動などに遭うリスクもあることを考慮したと思われる。

さらに森氏は「文科省がうるさく言うから」女性理事を増やしたと発言したが、これも大変に問題である。本音では女性理事など入れたくもないというのであろうか。そもそもこのような人権意識の欠落は、「いかなる差別をも認めない」とのオリンピック憲章理念とは相容れない。また、「女性理事を褒めている点は評価すべき」との意見も散見したが、私見ではまさにこの部分にこそ日本でダイバーシティが進まない要因が集積しているように思う。

大切なことなので繰り返し述べたい。権力者が異質な他者を新規メンバーに受け入れるとき、「彼ら（この場合女性）は一般的に自分たちにとって都合が悪い（話が長い）が、あなた（組織委員会の女性理事）はそうではない（権力者の意向を「わきまえて」いる）から認める」というのは、マイノリティの「分断統治」話法である。これを、女性をはじめとする異質な他者を「褒めている」と考えるのは、無意識の偏見の偏見に基づく発想である。

南アフリカ共和国で行われたアパルトヘイト（人種隔離）における「名誉白人」も、男性中心社会の「名誉男性」も、マイノリティを「一部の権力集団に都合のいいエリート」と「その他大勢」に分離し、前者のみを容認することで、旧来の権力集団の均質性保持を志向する発想だからだ。結局、「権力ある高齢男性」か「彼らと同じ発想のできる名誉男性」

しか意思決定の場にいないのであれば、ダイバーシティなど絵に描いた餅ではないのか。

「飲み会を断らない女」問題

旧来の男性中心で均質性の高い意思決定の場では、彼らのサロンのメンバー（つまり「お仲間」）になることの方が、真剣な議論を重ねることよりも重視される。それゆえ、昼間の公式な会議よりも、夜の会食の場などが実質的な決定の場となりがちである。

そういえば2021年3月、山田真貴子内閣広報官が、菅義偉総理の長男らと総務審議官当時に会食し、長男側から接待を受けていたことが発覚し辞職した。その際山田真貴子前内閣広報官が、かつて若者に向けた動画メッセージで自らを「飲み会を絶対に断らない女としてやってきた」と述べていたことが分かり、ネット上で批判を浴びた。

批判の眼目は、まさに彼女が旧来の男性社会に過剰適応してきたがゆえの「名誉男性」的振る舞いにあった。ただ個人的には、彼女ら名誉男性的な振る舞いにより立身出世を成し遂げてきた女性たちを、一方的に批判する気持ちにはならない。出世欲がある人物ならば、男女問わず飲み会で「人脈」を広げ、「夜の会議」のメンバーになろうとするのは、今の日本ではまだまだ「合理的」な選択だからだ。

これを男性がやれば何も言われないのに、女性が参加し出世につなげれば「名誉男性」と言われてしまうのは理不尽なことのように思う。他方、大多数の女性はケア負担の重さや男性中心の場へ参加するハードルの高さなどで、そもそものような場に参加することができない。参加しない女性の声は、もとより意思決定に反映されない。いわば権力を伴う意思決定過程において、女性は参加してもしなくても「どちらを選んでも負け」になってしまう。これがゲームなら、クリア条件が異常に厳しくて実質クリアできない「クソゲー」と言わざるを得ない。

ただ、「夜の会議」重視の旧来の意思決定のあり方は、権力に近い人びとを「サロンのメンバーシップ」獲得競争にばかり追い立て、事態を真剣に討議し解決することを相対的に軽視させてきた。このような日本社会のあり方は権力の属人化に結びつきがちであり、結果的に事態の見える化や標準化を阻害してしまう。そもそも民主主義とは権力が特定の個人に集中しないように創られた制度のはずだが、日本の権力行使の現場では正反対のことが起きている、ともいえる。

そういえば、コロナ禍で国会議員の会食を制限する案が浮上したときも、自民党の議員からは強固に反対の声が上がったが、これも偶然ではないだろう。「#わきまえない女」

は、おそらく「名誉男性」になるか、その他大勢として捨て置かれるかの実質二択しかない日本の女性たちの状況そのものへの反発から生まれた運動である。「森喜朗的な権力者」に媚びなくても、名誉男性にならなくても、普通の女性が徒手空拳でも自分の意思表明をすることへの渇望がそこにある。

日本でマイノリティは抗議以前に圧殺されている

この国は、言葉により討議し事態を改善することをあまりにも軽視してきた。会議で真剣に意見を闘わせることよりも、夜の会食の場などのサロンで権力者とつるむことの方が重視される国では、当然の帰結かもしれない。コロナ禍ではドイツのメルケル首相やニュージーランドのアーダーン首相らによる感動的なスピーチが話題を集めたが、一方日本の菅総理は2020年末にネット番組で、「どうも、ガースーです」の挨拶で顰蹙《ひんしゅく》を買ったのは象徴的であった。呆れさせて国民から批判する気力すら奪おうというのであれば、見事な戦略である。

なぜ、均質性の高い権力集団による閉鎖的な意思決定のあり方を見直す必要があるのか。均質性の高いメンバーで誰もが以心伝心で意思決定を行うことは、第1章でも指摘したように短期間では効率がいい。だがそれは一時代に特化した効率性のため、時代が変わればあっという間に「時代遅れ」となり、社会の制度疲労や閉塞感の要因になってしまう。ダイバーシティの浸透を目指すとは、その改善策でもある。

もちろん、ダイバーシティは万能薬ではない。推進するためには相応のコストがかかる割には、その具体的な「成果」は見えにくい。第1章で指摘したように、ダイバーシティ推進が重視されるに至ったアメリカでも、その背景には二度の世界大戦や黒人公民権運動などの社会運動、さらには訴訟やそれに伴う賠償責任の重さなど、切実な理由により導入されてきた歴史的経緯がある。

他方日本では、もともと人種の均質性も他国に比して相対的に高く、また個々の人々の行動も同調圧力により極端な逸脱は抑制される傾向が強い。2019年に発生し2021年3月現在、依然いわゆる「自粛警察」と呼ばれる相互監視に基づく私的な制裁が話題になったのも記憶に新しい。

第1章でも指摘したように、2012年12月に開始された安倍政権の「女性活躍」推進以降、女性就業者は約330万人増加したが、2019年に発生し2021年3月現在も世界中で猛威を振るっている新型コロナウイルス（正式名称：COVID-19）による影響で、

「ご破算」になってしまったとの指摘もある。[*1] アベノミクス「女性活躍」は、結局女性をただ労働市場に引き出しても、雇用を守る政策は行ってこなかったことの証左といえる。

繰り返し指摘したように、日本では意思決定の場に女性が少なく、男性中心の均質性の高い集団がさまざまな領域で統治の中心となっている。日本では、マイノリティによる抗議運動は他の先進諸国に比べると注目を集めにくい。ときに暴動を伴うような事態も（相対的には）乏しく、そもそも抗議の声を上げること自体が抑制されている。その証左の一つが、他の先進諸国に比して高い自殺死亡率（人口10万人当たり自殺者数）であろう。

たとえば世界保健機関（WHO）によれば、日本の自殺死亡率はG7最悪で、日本18・5とワースト1、以下フランス13・8、米国13・8、ドイツ12・3、カナダ11・5、英国7・5、イタリア6・6の順となっている。[*2] とりわけ15〜34歳層では先進国で真の1位が「自殺」なのは日本だけとなっている。

非常事態では「守られない人」から死んでいく

日本の自殺は7割が男性であるが、第3章所収「女性の自殺者増える」でも指摘したように、コロナ禍で女性の自殺者が急増しているのも極めて深刻な事態だ。コラムでは紙幅の関係でかなり内容を刈り込まねばならなかったので、本書ではもう少し詳細に記しておきたい。

コラムでも触れたが、２０２０年10月の東京都医師会定例記者会見で、平川博之副会長が同年８月の国内自殺者数では若年層と女性で自殺者が急増していると報告した。これによると２０１７〜19年の同月平均と比べ、20代未満の自殺者は2倍以上増、20歳未満と20代の自殺者合計は３２９人で前年から１２１人増となった。さらに、40歳未満の世代では、男性の自殺者数は３５６人で前年比31・４%増だが、女性の自殺者数は１８９人で前年比76・６%の大幅増となった。[*3]

教育社会学者の舞田敏彦氏は、ウェブジャーナル『ニューズウィーク日本版』で、この傾向について詳細な分析をかけている。[*4] これによると、２０２０年６月までは国内自殺者数は前年を下回ったが、7〜9月期には増加。しかも、性年齢別に見ると、増加率は「若年」「女性」が顕著に増加した。

前年同月比で見ると、「男性」は「20歳未満」１・３１倍、「20代」１・３５倍だが、「40代」１・０３倍、「70代」１・０２倍とほぼ横這いで、「50代」０・９９倍、「60代」０・８７倍とむしろ減少傾向にある。「80歳以上」は１・１９倍と微増している。

一方女性は、「20歳未満」1・81倍と急増し、「20代」1・55倍、「30代」1・60倍、「40代」1・31倍、「50代」1・33倍とほぼ若年男性と同水準で、「70代」1・12倍、「80歳以上」は1・13倍とこれも微増だ。

一番自殺者数が減ったのは50〜60代の中高年男性だが、平素彼らは自殺高リスク群である。厚生労働省「自殺対策白書」（2020年）によれば、2019年の自殺者に占める性年齢別構成比は、「男性」の40代から60代が全体の3割を占める。一方、女性は普段男性より自殺者は少ないものの、数が増えるのは40歳以上から。中高年女性は「健康問題」や「家族問題」で亡くなる人が増えるからだ。

要約すると、普段自殺者の多い「中高年男性」の自殺が減り、代わりに「30代以下の若年女性」の自殺が急増しているということになる。推測するに、これは「社会や組織から守られない順番」に自殺者数が増えた結果ではないのか。

たとえば雇用形態で見てみると、非正規雇用は女性の方が圧倒的に多い。従業員に占める非正規雇用割合は、男性が2割であるのに対し女性は6割だ。手軽に「雇用の調整弁」として使われやすいのが女性労働者、ともいえる。

総務省「労働力調査」によれば、2020年7〜9月期の平均と前年同期を比較すると非正規職員は125万人減だが、内訳は女性79万人、男性46万人と女性が圧倒的に多い。

これは、宿泊・飲食業など「女性・非正規雇用者」の多い業種の休業や減収が要因と考えられる。

性年齢別に見てみると、たとえば総務省「就業構造基本調査」（2018年9月発表）によれば、非正規雇用割合は「15～19歳」では男性66・4％、女性81・1％、「20～24歳」では、男性38・7％、女性43・2％と若年層は男女ともに非正規雇用割合の高さが際立っている。

一方、男性の平均給与が最も高い「50～54歳」世代では、非正規雇用割合は男性9・6％だが、女性は54・5％。やはり中高年男性は、相対的に雇用の場で「守られている」といえる。

女性の非正規雇用比率の高さは、今なお不問に付されている。「未婚のうちは父親の経済力に庇護されているはず」、「結婚したら『大黒柱』の夫の経済的庇護の元にあるはず」などの家族観が前提にあるからだ。

たしかに、各種統計調査に鑑みると、これまで女性・非正規雇用・有配偶者の収入は、主たる生計維持者ではなく「家計補助」としての側面が大きかった。だが近年は若年層ほど男性の総体的な賃金水準低下や昇給鈍化などにより、「細いながらも不可欠な二本目の大黒柱」となっているのが実情といえる。ましてや未婚率が上昇している現状から、自活している女性の増加も指摘できる。だがこれらは、相対的に中高年男性の雇用よりも軽視されてきたと言わざるを得ない。

あえて言えば、この国で若者や女性など相対的に弱い立場にある人たちは、まともに抗議することすら許されないか、声を上げても圧殺されてきたのではないのか。暴力的な抗議運動が乏しい代わりに、彼らは今も静かに社会から退出していっているのではあるまいか。

声を上げる自由のために

あえて言えばダイバーシティの浸透を目指すとは、誰もが声を上げる自由を保障することでもある。だがとりわけこの国で、女性が声を上げることのハードルは高い。第4章所収の「匿名ブログ『保育園落ちた』生み育て働く女性の嘆き」でも触れたが、2016年2月「保育園落ちた日本死ね」の書き込みは、安倍政権の「女性活躍」の欺瞞に個人的な怒りをぶつけ話題となった。

賛否両論あったが、批判のうちには「気持ちは分かるが言葉が汚すぎる」といった、言い方への批判も目立ったのが印象的だった。これは典型的な「トーン・ポリシング（言い方の取り締まり）」といえる。発言の内容よりも、それを主張する口調などの印象を「ふさわしくない」と批判することであり、論点のすり替えの一種である。女性やエスニックマイノリティなどが、マジョリティから下されがちな言論封殺の技法ともいえる。

たとえばかつてマーティン・ルーサー・キング牧師は、「バーミンガム刑務所からの手紙」（1963年4月16日）の中で、「穏健な白人への失望」を語った。

「私は、黒人が自由へと向かって進むに当たり大きな障壁となっているのは、白人市民評議員やクー・クラックス・クランのメンバーなどよりも、正義より『秩序』を重んじる白人穏健派であるという残念な結論に達しかけている」。なぜなら彼ら穏健派の白人は、「『（君たち黒人の）求める目標については賛成するが、その行動はいかがなものか』と絶えず言う」のだ。

さらに、「善意の人々による浅い理解は、悪意ある人々からの絶対的な誤解よりも腹立たしいものだ。生ぬるい受け入れは、はっきりとした拒絶よりもはるかに当惑させられる」とも[*5]。

まさに「目標には賛成するがもっと穏やかにしろ」というのは、トーン・ポリシングの事例である。おそらく女性ならば、少なからず類似のことを男性から、いや男性視点を内面化した女性からも言われたことがあるのではないか。理不尽な目に遭い批判の言葉を口にしたら、「気持ちは分かるけど、その言い方は良くないな」、「ちょっと言い方がきつい んじゃない？」、あるいは「男なんて適当に立てておいて、手の平の上で転がしておけば いいのに」等々の言葉は、日常に溢れている。

多くの「賢い」女性は、男性に対し「角が立たないように」「上手く言葉を選んで」接しているのだろう。なぜならその方が個人の生存戦略としては「得策」だからだ。個々人がとる生存戦略は言葉の牙を隠すことに傾き、表だった平穏が維持され、そして女性の声は意思決定の場には届かない。賢くない私のような一部のおっちょこちょいが批判の言葉を発しても、それらは大海の藻屑に消えていくように見える。

日本の女性を黒人公民権運動にたとえるのは、大仰だろうか。かつて私は、ニューヨークのシンポジウムでごく簡単に日本の女性の就業環境についてファクトを積んで説明したところ、会場からは「日本の女性はアメリカの黒人みたい」だと言われたことがある。2006年のことだ。あれから15年経ったが、日本の女性を取り巻く状況は変わっただろうか。

ワイドショーで生中継された森喜朗氏の謝罪会見と、含み笑いで彼を擁護するコメンテーターの発言を聞きながら、私はキング牧師が前掲資料で語った言葉を反芻した。

「私たちは、痛みを伴う経験を通して次のことを思い知った。抑圧者が進んで自由を施してくれることなど、決してないということを。自由は、抑圧された人びと自身が要求しなければ与えられないものなのだ」

２０２１年現在、森発言をめぐる一連の事件により、日本では依然「森喜朗的な権力集団」のお眼鏡に適う、「わきまえた女」しかメンバーシップを与えられないことが露呈した。だが自由は、権力者から与えられるのを「わきまえて」待っていたらいつまで経っても手には入らない。さらに安倍政権の「女性活躍」は、コロナ禍の緊急事態で事実上ご破算になってしまった。結局、政権に都合のいいかたちで働かされても、相変わらずこの国で女性の置かれた状況は理不尽なままである。

それでも、森氏の女性蔑視発言で、「日本型#ＭｅＴｏｏ」のような「#わきまえない女」がＳＮＳ上で湧き上がったのは変化の兆しと信じたい。森氏発言についても、かつては森氏の「キャラ」として流されていたが、さすがに「一般社会ではアウト」との見方も広く共有された。

だからこそ、そろそろこの国の閉鎖的な意思決定の慣習を終わりにしてはどうだろうか。私たちは、言葉による真剣な討議が軽視されてきたことや、またそれ以前に意思決定の場に声を届かせることすら事実上拒まれている人がいるということを、正視すべきではないのだろうか。

マイノリティが社会的公正を求める言葉は表面上の平穏を破るかもしれないが、それは社会変革への切実な要請から発せられたものである。たとえ自分が共感できなくても、感情的には反発を覚えるものでも、彼らが社会的公正のためにそれを発言する権利は、誰もが互いに尊重すべきだ。それこそが、この社会の問題を改善しアップデートしていくために必要な条件といえる。

硬直化した社会は、誰もが生きづらいのだから。

＊1 片沼麻里加・竹生悠子『ブルームバーグ』２０２０年7月3日配信
https://www.bloomberg.co.jp/news/articles/2020-07-03/QCQ7QMT0AFB501

＊2 厚生労働省「自殺対策白書」２０２０年

＊3 東京都医師会定例記者会見資料「with コロナ期の精神保健医療福祉の問題点　新型コロナ感染症がメンタルヘルスに及ぼした影響『自殺者数の動向に注視して』」２０２０年10月13日
https://www.tokyo.med.or.jp/wp-content/uploads/press_conference/application/pdf/20201013-3.pdf

＊4 舞田敏彦「コロナ禍で最も影響を受けたのは、どんな人たちか」『ニューズウィーク日本版』２０２０年11月４日配信
https://www.newsweekjapan.jp/stories/world/2020/11/post-94892.php

＊5 "Letter from a Birmingham Jail [King, Jr.]" AFRICAN STUDIES CENTER - UNIVERSITY OF PENNSYLVANIA.
https://www.africa.upenn.edu/Articles_Gen/Letter_Birmingham.html

あとがき

本書をまとめる中で、転居した。住み慣れた4階の部屋のベランダからは遊歩道が見え、そこが息子の小学校への通学路だった。私の1限の授業のない朝は、いつもここから登校する子どもを見送っていた。

息子はいつも遊歩道の途中で立ち止まり、くるっとこちらを振り向き笑顔でぶんぶん手を振って、それからまた踵を返して走って行く。遊歩道の両脇には桜が植えてあり、春は満開の桜の下を、夏は青葉の繁る下を、秋は黄色から紅色に色づく葉の下を、そして冬は葉が落ちた枝の間を、他の季節よりも長く息子のランドセルの後ろ姿が見えていた。

駆けていく息子の後ろ姿が、大好きだった。2020年3月、新型コロナウィルス流行下の緊急事態宣言にともなう休校で、その風景が急に終わった。6年生の卒業式間際、桜が咲く前である。できることならば、桜の下をすいすい駆け抜けていくランドセルを、もう少しだけ見届けたかった。子どもは育つ。登校の風景も、いつかは終わる。

息子は今、詰襟を着て中学校に通っている。スマホを持たせるようになったので、慣れない住所から新しい最寄り駅に向かう彼を、夫と2人GPS機能で見守っている。とんでもない方向に歩いて行ったりするのを、はらはら見ている。

学校が終わると、息子はいつも私に電話をくれる。たいてい、後ろから友達の笑い声や歌い声がにぎやかに聞こえてくる。それからしばらくすると、詰襟が帰ってくる。この風景も、やがて終わるのだろう。

あらゆるものは、時間とともに過ぎていく。人間の記憶も、寿命も、時間の塊である。人が自分のために時間を使ってくれるということは、つきつめればその人の記憶と命の一部をいただくことに等しい。それゆえ、人からもらう究極の貴重品は、「時間」だと思う。

この稀少でかけがえのない人間の時間が、この国ではぞんざいに扱われているように思えてならない。本来就業の場でも、生活の場でも、人の時間を尊重することは、人の尊厳や命を尊重することと等価のはずである。

本書所収の日経新聞連載「女・男　ギャップを斬る」と「ダイバーシティ進化論」は、奇しくも安倍政権の「女性活躍」の動向を見守ることにもなった。アベノミクスの「成果」は「インバウンド消費拡大」と「女性活躍」とも言われるが、皮肉にもこの2つは新型コロナウィルスの影響により、壊滅的な打撃を受けた。

「強い経済」を謳ったアベノミクスだが、コロナ禍では経済を「強く」するために顧みられてこなかった部分の脆弱さや矛盾が露呈した。その代表が、女性に多い非正規雇用の低待遇や、この国の女性に課せられた先進国一高水準のケアワーク負担である。コロナ禍では女性の失職や自殺者数も増加したが、この点も依然十分に顧みられているとは言いがたい。

今一度問い直したいのは、強い経済よりも、幸福のための経済に向けた可能性である。「ワークライフバランス」も「ダイバーシティ」も、幸福のための経済を志向する方途として考え、問い続けてきた。変化の激しい社会の中では、旧弊に拘泥することは不幸な個人を増やすことに繋がりかねない。ジェンダーをはじめとする属性よりも、個人の個性や適性が重視される社会となってほしいと願ってやまないのは、これらからの解放を願うからである。

本書所収の日経新聞コラムの歴代担当者のみなさま、石塚由紀夫さん、佐藤珠希さん、佐々木玲子さん、現担当者の中村奈都子さんには心よりお礼申し上げたい。また本書のご担当をいただいた日経BP日経新聞出版本部の長澤香絵さんには、前書『「居場所」のない男、「時間」がない女』に引き続き本当にお世話になりました。みなさま、どうもありがとうございました。

2020年3月、江古田にて

水無田気流

本書は、日本経済新聞女性面連載「女・男　ギャップを斬る」（2015年10月～17年2月）、「ダイバーシティ進化論」（2017年3月～）のコラムを、加筆・編集したものです。

水無田気流 みなした・きりう
1970年神奈川県生まれ。詩人、社会学者。國學院大學経済学部教授。早稲田大学大学院社会科学研究科博士後期課程単位取得満期退学。詩集『音速平和』で中原中也賞、『Z境』で晩翠賞をそれぞれ受賞。主な著書に『「居場所」のない男、「時間」がない女』、『背表紙の社会学』、『シングルマザーの貧困』、『無頼化した女たち』等。

多様な社会はなぜ難しいか

日本の「ダイバーシティ進化論」

2021年4月23日　1刷
2024年9月9日　2刷

著者　水無田気流

発行者　中川ヒロミ

発行　株式会社日経ＢＰ
日本経済新聞出版

発売　株式会社日経ＢＰマーケティング
〒105－8308 東京港区虎ノ門4－3－12

組版　マーリンクレイン

印刷・製本　三松堂印刷

ISBN978-4-532-17700-3 Printed in Japan